HISTOIRE
DE
JENNI,
OU
LE SAGE ET L'ATHÉE,
PAR Mr. SHERLOC,
TRADUIT PAR Mr. DE LA CAILLE.

Suivi d'une nouvelle DIATRIBE fur l'Agriculture, adreffée à l'AUTEUR DES ÉPHÉMÉRIDES, le 10 Mai 1775. D'une lettre de Mr. de VOLTAIRE à Mr. le Comte de TRESSAN. Du Dimanche, ou les FILLES DE MINÉE, contes en vers; & d'une LETTRE de Mr. de la VISCLÉDE, à Mr. le fecrétaire perpétuel de l'académie de Pau.

NOUVELLE ÉDITION, CORRIGÉE ET AUG-MENTÉE PAR L'AUTEUR.

A LONDRES.

M. D. CC. LXXVI.

HISTOIRE

DE

JENNI,

OU

LE SAGE ET L'ATHÉE.

PAR Mr. SCHERLOC.

TRADUIT PAR Mr. DE LA CAILLE.

CHAPITRE PREMIER.

VOUS me demandez, monsieur, quelques détails sur notre ami le respectable *Freind*, & sur son étrange fils. Le loisir dont je jouis enfin après la retraite de mylord *Peterborou* me permet de vous satisfaire. Vous serez aussi étonné que je l'ai été, & vous partagerez tous mes sentimens.

A

Vous n'avez guères vu ce jeune & malheureux *Jenni*, ce fils unique de *Freind* que son père mena avec lui en Espagne, lorsqu'il était chapelain de notre armée en 1705. Vous partites pour Alep avant que mylord assiégeât Barcelone; mais vous avez raison de me dire que *Jenni* était de la figure la plus aimable & la plus engageante, & qu'il annonçait du courage & de l'esprit. Rien n'est plus vrai; on ne pouvait le voir sans l'aimer. Son père l'avait d'abord destiné à l'église; mais le jeune homme ayant marqué de la répugnance pour cet état qui demande tant d'art, de ménagement & de finesse, ce père sage aurait cru faire un crime & une sotise de forcer la nature.

Jenni n'avait pas encor vingt ans. Il voulut absolument servir en volontaire à l'ataque du Mont-Joui, que nous emportâmes, & où le prince de Hesse fut tué. Notre pauvre *Jenni* blessé fut prisonnier & mené dans la ville. Voici un récit très fidèle de ce qui lui ariva depuis l'ataque de Mont-Joui jusqu'à la prise de Barcelone. Cette relation est d'une Catalane un peu trop libre & trop naïve; de tels écrits ne vont point jusqu'au cœur du sage. Je pris cette relation chez elle lorsque j'entrai dans Barcelone à la suite de mylord *Peterborou*. Vous la lirez sans scandale comme un portrait fidèle des mœurs du pays.

AVANTURE D'UN JEUNE ANGLAIS NOMMÉ JENNI, ÉCRITE DE LA MAIN DE DONA LAS NALGAS.

Lorfqu'on nous dit que les mêmes fauvages qui étaient venus par l'air d'une ifle inconnue nous prendre Gibraltar, venaient affiéger notre belle ville de Barcelone, nous commençâmes par faire des neuvaines à la fainte vierge de Manreze ; ce qui eft affurément la meilleure manière de fe défendre.

Ce peuple, qui venait nous ataquer de fi loin, s'apelle d'un nom qu'il eft dificile de prononcer, car c'eft *English*. Notre révérend père inquifiteur, *Don Jeronimo Bueno Caracucarador*, prêcha contre ces brigands. Il lança contr'eux une excommunication majeure dans Nôtre-Dame d'Elpino. Il nous affura que les English avaient des queues de finges, des pattes d'ours, & des têtes de perroquets ; qu'à la vérité ils parlaient quelquefois comme les hommes, mais qu'ils fiflaient prefque toujours ; que de plus ils étaient notoirement hérétiques ; que la fainte vierge, qui eft très favorable aux autres pécheurs & pécherefses, ne pardonnait jamais aux hérétiques, & que par conféquent ils feraient tous infailliblement exterminés, furtout s'ils fe préfentaient devant le Mont-Joui. A peine avait-il fini fon fermon que nous aprîmes que le Mont-Joui était pris d'affaut.

Le foir on nous conta qu'à cet affaut nous avions bleffé un jeune English, & qu'il était entre nos mains. On cria dans toute la ville, vittoria, vittoria, & on fit des illuminations.

La *Dona Boca Vermeja*, qui avait l'honneur d'être maîtreffe du révérend père inquifiteur, eut une extrème envie de voir comment un animal English & hérétique était fait. C'était mon intime amie. J'étais auffi curieufe qu'elle. Mais il falut atendre qu'il fût guéri de fa bleffure ; ce qui ne tarda pas.

Nous fûmes bientôt après qu'il devait prendre les bains chez mon coufin germain *Elvob* le baigneur, qui eft, comme on fait, le meilleur chirurgien de la ville. L'impatience de voir ce monftre redoubla dans mon amie *Boca Vermeja*. Nous n'eûmes point de ceffe, point de repos, nous n'en donnâmes point à mon coufin le baigneur, jufqu'à ce qu'il nous eût cachées dans une petite garderobe, derrière une jaloufie par laquelle on voyait la baignoire. Nous y entrâmes fur la pointe du pied, fans faire aucun bruit, fans parler, fans ofer refpirer précifément dans le tems que l'English fortait de l'eau. Son vifage n'était pas tourné vers nous ; il ôta un petit bonnet fous lequel étaient renoués fes cheveux blonds, qui defcendirent en groffes boucles fur la plus belle chute de reins que j'ai vue de ma vie. Ses bras, fes cuiffes, fes jambes, me parurent d'un charnu, d'un fini, d'une élégance, qui aproche à mon gré l'*Apollon* du Belvedère de Rome, dont la copie eft chez mon oncle le fculpteur.

Dona Boca Vermeja était extafiée de furprife & d'enchantement. J'étais faifie comme elle. Je ne pus m'empêcher de dire, *oh che hermofo muchacho!* Ces paroles qui m'échapèrent firent tourner le jeune homme. Ce fut bien pis alors; nous vîmes le vifage d'*Adonis* fur le corps d'un jeune *Hercule*. Il s'en falut peu que *Dona Boca Vermeja* ne tombât à la renverfe, & moi aulfi. Ses yeux s'allumèrent & fe couvrirent d'une légère rofée, à travers laquelle on entrevoyait des traits de flamme. Je ne fais ce qui ariva aux miens.

Quand elle fut revenue à elle; *St. Jaques*, me dit-elle, & *Ste. Vierge!* eft-ce ainfi que font faits les hérétiques? eh qu'on nous a trompées!

Nous fortîmes le plus tard que nous pûmes. *Boca Vermeja* fut bientôt éprife du plus violent amour pour le monftre hérétique. Elle eft plus belle que moi, je l'avoue; & j'avoue aulfi que je me fentis doublement jaloufe. Je lui repréfentai qu'elle fe damnait en trahiffant le révérend père inquifiteur *Don Jeronimo Bueno Caracucarador* pour un English. Ah! ma chère *Las Nalgas*, me dit-elle (car *Las-Nalgas* eft mon nom), je trahirais *Melchifedec* pour ce beau jeune homme. Elle n'y manqua pas; & puifqu'il

A 3

faut tout dire, je donnai fecrettement plus
de la dîme des ofrandes.

Un des familiers de l'inquifition, qui entendait quatre meffes par jour pour obtenir
de Notre-Dame de Manreze la deftruction
des English, fut inftruit de nos actes de
dévotion. Le révérend père *Don Caracucarador* nous donna le fouet à toutes deux.
Il fit faifir notre cher English par vingt-
quatre alguazils de la Ste. Hermandad. *Jenni*
en tua cinq & fut pris par les dix-neuf qui
reftaient. On le fit repofer dans un caveau
bien frais. Il fut deftiné à être brûlé le dimanche fuivant en cérémonie, orné d'un
grand fan-bénito & d'un bonnet en pain
de fucre, en l'honneur de notre Sauveur
& de la vierge *Marie* fa mère. *Don Caracucarador* prépara un beau fermon; mais
il ne put le prononcer, car le dimanche
même la ville fut prife à quatre heures du
matin.

Ici finit le récit de *Dona Las Nalgas*.
C'était une femme qui ne manquait pas
d'un certain efprit, que les Efpagnols apel-
lent *agudezza*.

CHAPITRE II.

Suite des avantures du jeune Anglais Jenni, *& de celles de monſieur ſon père, docteur en théologie, membre du parlement, & de la ſociété royale.*

VOus ſavez quelle admirable conduite tint le comte de *Peterborou* dès qu'il fut maître de Barcelone ; comme il empêcha le pillage, avec quelle ſagacité promte il mit ordre à tout, comme il aracha la ducheſſe de *Popoli* des mains de quelques ſoldats allemands yvres, qui la volaient & qui la violaient. Mais vous peindrez-vous bien la ſurpriſe, la douleur, l'anéantiſſement, la colère, les larmes, les tranſports de notre ami *Freind*, quand il aprit que *Jenni* était dans les cachots du Saint-Ofice, & que ſon bucher était préparé ? Vous ſavez que les têtes les plus froides ſont les plus animées dans les grandes ocaſions. Vous euſſiez vu ce père, que vous avez connu ſi grave & ſi imperturbable, voler à l'antre de l'in-quiſition plus vîte que nos chevaux de race ne courent à Neumarket. Cinquante ſoldats qui le ſuivaient hors d'haleine étaient tou-jours à deux cent pas de lui. Il arive, il entre dans la caverne. Quel moment ! que de pleurs & que de joie ! vingt victimes deſtinées à la même cérémonie que *Jenni*, ſont délivrées. Tous ces priſonniers s'arment; tous ſe joignent à nos ſoldats; ils démoliſſent le Saint-Ofice en dix minutes, & déjeûnent ſur ſes ruines avec le vin & les jambons des inquiſiteurs.

Au milieu de ce fracas, & des fanfares, & des tambours, & du retentiſſement de quatre cent canons qui annonçaient notre victoire à la Catalogne, notre ami *Freind* avait repris la tranquilité que vous lui connaiſſez. Il était calme comme l'air dans un beau jour après un orage. Il élevait à Dieu un cœur auſſi ſerein que ſon viſage, lorſqu'il vit ſortir du ſoupirail d'une cave un ſpectre noir en ſurplis, qui ſe jetta à ſes pieds & qui lui criait miſéricorde. Qui es-tu? lui dit notre ami; viens-tu de l'enfer? A peu près, répondit l'autre; je ſuis *Don Jeronimo Bueno Caracucarador*, inquiſiteur pour la foi; je vous demande très humblement pardon d'avoir voulu cuire monſieur votre fils en place publique; je le prenais pour un Juif.

Eh! quand il ſerait Juif, répondit notre ami avec ſon ſang froid ordinaire, vous ſied-il bien, monſieur *Caracucarador*, de cuire des gens parce qu'ils ſont deſcendus d'une race qui habitait autrefois un petit canton pierreux tout près du déſert de Syrie? Que vous importe qu'un homme ait un prépuce, ou qu'il n'en ait pas, & qu'il faſſe ſa pâque dans la pleine lune rouſſe, ou le dimanche,

d'après? Cet homme eſt Juif, donc il faut
que je le brûle; & tout ſon bien m'apartient! Voilà un très mauvais argument; on
ne raiſonne point ainſi dans la ſociété royale
de Londres.

Savez-vous bien, monſieur *Caracucarador*,
que Jéſus - Chriſt était Juif, qu'il naquit,
vécut & mourut Juif, qu'il fit ſa paque
en Juif dans la pleine lune? que tous ſes
apôtres étaient Juifs, qu'ils allèrent dans
le temple juif après ſon malheur, comme
il eſt dit expreſſément? que les quinze premiers évèques ſecrets de Jéruſalem étaient
Juifs? mon fils ne l'eſt pas, il eſt anglican: quelle idée vous a paſſé par la tète de
le brûler?

L'inquiſiteur *Caracucarador* épouvanté de
la ſcience de monſieur *Freind*, & toujours
proſterné à ſes pieds, lui dit, hélas! nous
ne ſavions rien de tout cela dans l'univerſité
de Salamanque. Pardon encor une fois; mais
la véritable raiſon eſt que monſieur votre
fils m'a pris ma maîtreſſe *Boca Vermeja*.
Ah! s'il vous a pris votre maîtreſſe, repartit *Freind*, c'eſt autre choſe; il ne faut
jamais prendre le bien d'autrui. Il n'y a
pourtant pas là une raiſon ſuffiſante (comme dit *Leibnitz*) pour brûler un jeune
homme. Il faut proportionner les peines
aux délits. Vous autres chrétiens de delà
la mer britannique en tirant vers le ſud,
vous avez plutôt fait cuire un de vos frères,
ſoit le conſeiller *Anne Dubourg*, ſoit *Mi-*

A 5

chel Servet, foit tous ceux qui furent ars
fous *Philippe fecond* furnommé *le difcret*,
que nous ne faifons rôtir un roft - bif à
Londres. Mais qu'on m'aille chercher mademoifelle *Boca Vermeja*, & que je fache
d'elle la vérité.

Boca Vermeja fut amenée pleurante &
embellie par fes larmes, comme c'eft l'u-
fage. Eft-il vrai, mademoifelle, que vous
aimiez tendrement *Don Caracucarador*, &
que mon fils *Jenni* vous ait prife à force?
— A force! monfieur l'Anglais! c'était affurément du meilleur de mon cœur. Je n'ai jamais rien vu de fi beau & de fi aimable que
monfieur votre fils; & je vous trouve bien-
heureux d'être fon père. C'eft moi qui lui ai
fait toutes les avances; il le mérite bien;
je le fuivrai jufqu'au bout du monde, fi
le monde a un bout. J'ai toujours dans le
fond de mon ame détefté ce vilain inquifiteur qui m'a fouettée prefque jufqu'au fang,
moi & mademoifelle *Las Nalgas*. Si vous
voulez me rendre la vie douce, vous ferez
pendre ce fcélérat de moine à ma fenêtre,
tandis que je jurerai à monfieur votre fils un
amour éternel; heureufe fi je pouvais jamais lui donner un fils qui vous reffemble.

En éfet, pendant que *Boca Vermeja* pro-
nonçait ces paroles naïves, mylord *Peterborou* envoyait chercher l'inquifiteur *Caracucarador* pour le faire pendre. Vous ne ferez
pas furpris quand je vous dirai que monfieur *Freind* s'y opofa fortement. Que votre

jufte colère, dit-il, refpecte votre généro-
fité ; il ne faut jamais faire mourir un
homme que quand la chofe eft abfolument
néceffaire pour le falut du prochain. Les
Efpagnols diraient que les Anglais font des
barbares qui tuent tous les prêtres qu'ils
rencontrent. Cela pourait faire grand tort à
monfieur l'archiduc, pour lequel vous venez
de prendre Barcelone. Je fuis affez content
que mon fils foit fauvé, & que ce coquin
de moine foit hors d'état d'exercer fes fonctions inquifitoriales. Enfin le fage & charitable *Freind* en dit tant que mylord fe con-
tenta de faire fouetter *Caracucarador*, comme ce miférable avait fait fouetter mifs *Boca
Vermeja* & mifs *Las Nalgas*.

Tant de clémence toucha le cœur des
Catalans. Ceux qui avaient été délivrés des
cachots de l'inquifition conçurent que notre religion valait infiniment mieux que la
leur. Ils demandèrent prefque tous à être
reçus dans l'églife anglicane ; & même quelques bacheliers de l'univerfité de Salamanque, qui fe trouvaient dans Barcelone, vou-
lurent être éclairés. La plûpart le furent bientôt. Il n'y en eut qu'un feul nommé *Don
Inigo y Medrofo, y Comodios, y Papalamiendo*
qui fut un peu rétif.

Voici le précis de la difpute honnête que
notre cher ami *Freind* & le bachelier *Don
Papalamiendo* eurent enfemble en préfence
de mylord *Peterborou*. On apella cette converfation familière le dialogue des *Mais*.
Vous verrez aifément pourquoi, en le lifant.

CHAPITRE III.

Précis de la controverse des MAIS, *entre monsieur* Freind *&* Don Inigo y Medroso y Papalamiendo, *bachelier de Salamanque.*

LE BACHELIER.

MAIS, monsieur, malgré toutes les belles choses que vous venez de me dire, vous m'avouerez que votre église anglicane, si respectable, n'existait pas avant *Don Luther*, & avant *Don Oecolampade*. Vous êtes tout nouveaux : donc vous n'êtes pas de la maison.

FREIND.

C'est comme si on me disait que je ne suis pas le fils de mon grand père, parce qu'un collatéral demeurant en Italie s'était emparé de son testament & de mes titres. Je les ai heureusement retrouvés, & il est clair que je suis le petit fils de mon grand-père. Nous sommes vous & moi de la même famille, à cela près que nous autres Anglais nous lisons le testament de notre grand père dans notre propre langue, & qu'il vous est défendu de le lire dans la vôtre. Vous êtes esclaves d'un étranger, & nous ne sommes soumis qu'à notre raison.

LE BACHELIER.

Mais si votre raison vous égare ?..... car enfin, vous ne croyez point à notre université de Salamanque, laquelle a déclaré l'infaillibilité du pape, & son droit incontestable sur le passé, le présent, le futur & le polo post futur.

FREIND.

Hélas ! les apôtres n'y croyaient pas non plus. Il est écrit que ce *Pierre* qui renia son maître Jésus fut sévérement tansé par *Paul*. Je n'examine point ici lequel des deux avait tort, ils l'avaient peut-être tous deux, comme il arive dans presque toutes les querelles. Mais enfin il n'y a pas un seul endroit dans les actes des apôtres, où *Pierre* soit regardé comme le maître de ses compagnons & du polo post futur.

LE BACHELIER.

Mais certainement *St. Pierre* fut archevêque de Rome ; car *Sanchez* nous enseigne que ce grand homme y ariva du tems de *Néron*, & qu'il y ocupa le trône archiépiscopal pendant vingt-cinq ans sous ce même *Néron* qui n'en régna que treize. De plus, il est de foi, & c'est *Don Grillandus* le prototype de l'inquisition qui l'afirme (car nous ne lisons jamais la sainte bible) ; il eſt de foi, dis-je, que *St. Pierre* était à Rome une certaine année; car il date une de ſes lettres de Babilone: car puiſque Babilone eſt viſiblement l'anagrame de Rome, il eſt clair que le pape eſt de droit divin le maître de toute la terre : car de plus, tous les licenciés de Salamanque ont démontré que *Simon vertu-de-Dieu*, premier ſorcier, conſeiller d'état de l'empereur *Néron*, envoya faire des complimens par ſon chien à *St. Simon Barjone*, autrement dit *St. Pierre*, dès qu'il fut à Rome; que *St. Pierre* n'étant pas moins poli envoya auſſi ſon chien complimenter *Simon vertu-Dieu*, qu'enſuite ils jouèrent à qui reſſuſciterait le plutôt un couſin germain de *Néron*, que *Simon vertu-Dieu* ne reſſuſcita ſon mort qu'à moitié, & que *Simon Barjone* gagna la partie en reſſuſcitant le couſin tout-à-fait; que *Vertu-Dieu* voulut avoir ſa revanche en volant dans les airs comme *St. Dédale*, & que *St. Pierre* lui caſſa les deux jambes en le faiſant tomber. C'eſt pourquoi *St. Pierre* reçut la couronne du martyre la tête en bas & les jambes en haut (*a*). Donc il eſt démontré *à poſteriori*, que notre ſaint père le pape doit régner ſur tous ceux qui ont des couronnes ſur la tête, & qu'il eſt le maître du paſſé, du préſent & de tous les futurs du monde.

(*a*) Toute cette hiſtoire eſt racontée par *Abdias*, *Marcel*, & *Egéſippe*. *Euſèbe* en raporte une partie.

F R E I N D.

Il eſt clair que toutes ces choſes arivè-
rent dans le tems où *Hercule* d'un tour
de main ſépara les deux montagnes Calpe
& Abila, & paſſa le détroit de Gibraltar dans
ſon gobelet. Mais ce n'eſt pas ſur ces hiſtoi-
res, tout autentiques qu'elles ſont, que nous
fondons notre religion; c'eſt ſur l'évangile.

L E B A C H E L I E R.

Mais monſieur, ſur quels endroits de
l'évangile? car j'ai lu une partie de cet
évangile dans nos cahiers de théologie. Eſt-
ce ſur l'ange deſcendu des nuées pour an-
noncer à *Marie* qu'elle ſera engroſſée par
le St. Eſprit? eſt-ce ſur le voyage des trois
rois & d'une étoile? ſur le maſſacre de tous
les enfans du pays? ſur la peine que prit
le diable d'emporter Dieu dans le déſert,
au faîte du temple, & à la cime d'une montagne dont on découvrait tous les royaumes
de la terre? ſur le miracle de l'eau changée
en vin à une noce de village? ſur le miracle de deux mille cochons que le diable noya
dans un lac par ordre de Jéſus? ſur....

F R E I N D.

Monſieur, nous reſpectons toutes ces
choſes, parce qu'elles ſont dans l'évangile;
& nous n'en parlons jamais, parce qu'elles

sont trop au-dessus de la faible raison humaine.

LE BACHELIER.

Mais on dit que vous n'apellez jamais la Ste. Vierge, mère de Dieu ?

FREIND.

Nous la révérons, nous la chérissons; mais nous croyons qu'elle se soucie peu des titres qu'on lui donne ici-bas. Elle n'est jamais nommée mère de Dieu dans l'évangile. Il y eut une grande dispute en 431 à un concile d'Ephèse, pour savoir si *Marie* était *théotocos*; & si Jésus-Christ étant Dieu à la fois & fils de *Marie*, il se pouvait que *Marie* fût à la fois mère de Dieu le père, & de Dieu le fils. Nous n'entrons point dans ces querelles d'Ephèse, & la société royale de Londres ne s'en mêle pas.

LE BACHELIER.

Mais monsieur, vous me donnez-là du *théotocos* ! qu'est-ce que *théotocos*, s'il vous plaît ?

FREIND.

Cela signifie mère de Dieu. Quoi ! vous êtes bachelier de Salamanque, & vous ne savez pas le grec.

LE BACHELIER.

Mais le grec, le grec ! de quoi cela peut-il
fervir à un Efpagnol ? Mais monfieur, croyez-
vous que Jéfus ait une nature, une perfonne & une volonté ? ou deux natures,
deux perfonnes & deux volontés ? ou une
volonté, une nature, & deux perfonnes ?
ou deux volontés, deux perfonnes & une
nature ? ou . . . .

FREIND.

Ce font encor les afaires d'Ephèfe ; cela
ne nous importe en rien.

LE BACHELIER.

Mais qu'eft-ce donc qui vous importe ?
penfez-vous qu'il n'y ait que trois perfonnes en Dieu, ou qu'il y ait trois Dieux
en une perfonne ? la feconde perfonne procède-t-elle de la première perfonne, & la
troifième procède-t-elle des deux autres, ou
de la feconde *intrinfecus*, ou de la première
feulement ? le fils a-t-il tous les atributs
du père, excepté la paternité ? & cette troifième perfonne vient-elle par infufion, ou
par identification, ou par fpiration ?

FREIND.

L'évangile n'agite pas cette queftion ;

B

jamais *Saint Paul* n'écrivit le nom de Tri-
nité.

LE BACHELIER.

Mais vous me parlez toujours de l'évangile, & jamais de *St. Bonaventure*, ni d'*Al-
bert le grand*, ni de *Tambourini*, ni de
Grillandus, ni d'*Escobar*.

FREIND.

C'est que je ne suis ni dominicain, ni
cordelier, ni jésuite; je me contente d'être
chrétien.

LE BACHELIER.

Mais si vous êtes chrétien, dites-moi en
conscience, croyez-vous que le reste des
hommes soit damné éternellement?

FREIND.

Ce n'est point à moi à mesurer la justice
de Dieu & sa miséricorde.

LE BACHELIER.

Mais enfin si vous êtes chrétien, que
croyez-vous donc?

FREIND.

Je crois avec Jésus - Christ qu'il faut

aimer Dieu & son prochain, pardonner les injures & réparer ses torts. Croyez - moi, adorez Dieu, soyez juste & bienfaisant ; voilà tout l'homme. Ce sont là les maximes de Jésus. Elles sont si vraies qu'aucun législateur, aucun philosophe n'a jamais eu d'autres principes avant lui, & qu'il est impossible qu'il y en ait d'autres. Ces vérités n'ont jamais eu, & ne peuvent avoir pour adversaires que nos passions.

LE BACHELIER.

Mais, ah! ah! à propos de passions, est-il vrai que vos évêques, vos prêtres & vos diacres, vous êtes tous mariés ?

FREIND.

Cela est très vrai. *Saint Joseph* qui passa pour être père de Jésus était marié. Il eut pour fils *Jaques le mineur* surnommé *Oblia*, frère de notre Seigneur, lequel après la mort de Jésus passa sa vie dans le temple. *St. Paul*, le grand *St. Paul* était marié.

LE BACHELIER.

Mais *Grillandus* & *Molina* disent le contraire.

FREIND.

Molina & *Grillandus* diront tout ce qu'ils

voudront, j'aime mieux croire *St. Paul* lui-même; car il dit dans sa première aux Co-rinthiens (*a*): *n'avons-nous pas le droit de boire & de manger à vos dépens? n'avons-nous pas le droit de mener avec nous notre femme, notre sœur, comme font les autres apôtres & les frères de notre Seigneur, & Céphas? Va-t-on jamais à la guerre à ses dé-pens? Quand on a planté une vigne n'en mange-t-on pas le fruit? &c.*

LE BACHELIER.

Mais monsieur, est-il bien vrai que *St. Paul* ait dit cela?

FREIND.

Oui, il a dit cela, & il en a dit bien d'au-tres.

LE BACHELIER.

Mais quoi! ce prodige, cet exemple de la grace éficace!....

FREIND.

Il est vrai, monsieur, que sa conversion était un grand prodige. J'avoue que suivant les actes des apôtres il avait été le plus cruel satellite des ennemis de Jésus. Les

---

(*a*) Chap. 9.

actes difent qu'il fervit à lapider *St. Etien-*
ne ; il dit lui-même que quand les Juifs fai-
faient mourir un fuivant de Jéfus, c'était
lui qui portait la fentence, *detuli fententiam*
(*a*). J'avoue qu'*Abdias* fon difciple, & *Jules*
Africain fon traducteur, l'acufent auffi d'a-
voir fait mourir *Jaques Oblia* frère de notre Seigneur (*b*); mais fes fureurs rendent
fa converfion plus admirable, & ne l'ont
pas empêché de trouver une femme. Il était
marié, vous dis-je, comme *Saint Clément*
d'Alexandrie le déclare expreffément.

LE BACHELIER.

Mais c'était donc un digne homme, un
brave homme que *St. Paul !* je fuis fâché
qu'il ait affaffiné *St. Jaques* & *St. Etienne* ,
& fort furpris qu'il ait voyagé au troifième
ciel; mais pourfuivez, je vous prie.

FREIND.

St. Pierre , au raport de *St. Clément*
d'Alexandrie, eut des enfans; & même on
compte parmi eux une *Ste. Pétronille. Eu-*
fèbe , dans fon hiftoire de l'églife, dit que *St.*
Nicolas, l'un des premiers difciples, avait

(*a*) Actes, chap. 26.
(*b*) Hiftoire apoftolique d'*Abdias*. Traduction de *Jules*
Africain, liv. 6, pag. 595 & fuivantes.

une très belle femme, & que les apôtres
lui reprochèrent d'en être trop ocupé, &
d'en paraître jaloux.... Meſſieurs, leur dit-il,
la prenne qui voudra; je vous la cède (a).

Dans l'économie juive, qui devait durer
éternellement, & à laquelle cependant a ſuc-
cédé l'économie chrêtienne, le mariage était
non ſeulement permis, mais expreſſément
ordonné aux prêtres, puiſqu'ils devaient
être de la même race; & le célibat était
une eſpèce d'infamie.

Il faut bien que le célibat ne fût pas regardé comme un état bien pur & bien honorable par les premiers chrêtiens; puiſque
parmi les hérétiques anathématiſés dans les
premiers conciles, on trouve principalement ceux qui s'élevaient contre le mariage
des prêtres, comme ſaturniens, baſilidiens,
montaniſtes, encratiſtes, & autres *ens* &
iſtes. Voilà pourquoi la femme d'un *St. Grégoire de Naziance* acoucha d'un autre *St.
Grégoire de Naziance*, & qu'elle eut le bonheur ineſtimable d'être femme & mère d'un
canoniſé; ce qui n'eſt pas même arivé à
Ste. Monique, mère de *St. Auguſtin*.

Voilà pourquoi je pourais vous nommer
autant & plus d'anciens évêques mariés
que vous n'avez autrefois eu d'évêques & de
papes concubinaires, adultères, ou pédé-
raſtes, ce qu'on ne trouve plus aujourd'hui

_____

(a) *Euſèbe*, liv. 3, chap. 30.

en aucun pays. Voilà pourquoi l'église grecque, mère de l'église latine, veut encor que les curés foient mariés. Voilà enfin pourquoi moi qui vous parle, je fuis marié, & j'ai le plus bel enfant du monde.

Et dites-moi, mon cher bachelier, n'avez-vous pas dans votre église fept facremens de compte fait, qui font tous des fignes vifibles d'une chofe invifible? or un bachelier de Salamanque jouit des agrémens du batème dès qu'il eft né; de la confirmation dès qu'il a des culottes; de la confeffion dès qu'il a fait quelques frédaines, ou qu'il entend celles des autres; de la communion, quoiqu'un peu diférente de la nôtre, dès qu'il a treize ou quatorze ans; de l'ordre quand il eft tondu fur le haut de la tête, & qu'on lui donne un bénéfice de vingt, ou trente, ou quarante mille piaftres de rente; enfin, de l'extrême-onction quand il eft malade. Faut-il le priver du facrement de mariage quand il fe porte bien? furtout après que Dieu lui-même a marié *Adam* & *Eve*; *Adam* le premier des bacheliers du monde, puifqu'il avait la fcience infufe, felon votre école; *Eve* la première bachelette, puifqu'elle tâta de l'arbre de la fcience avant fon mari.

LE BACHELIER.

Mais s'il eft ainfi, je ne dirai plus *mais*. Voilà qui eft fait, je fuis de votre religion;

je me fais anglican ; je veux me marier à une femme honnète qui fera toujours semblant de m'aimer, tant que je ferai jeune, qui aura foin de moi dans ma vieilleffe, & que j'enterrerai proprement fi je lui furvis ; cela vaut mieux que de cuire des hommes, & de deshonorer des filles, comme a fait mon coufin *Don Caracucarador* inquifiteur pour la foi.

Tel eft le précis fidèle de la converfation qu'eurent enfemble le docteur *Freind*, & le bachelier *Don Papalamiendo*, nommé depuis par nous *Papa Dexando*. Cet entretien curieux fut rédigé par *Jacob Hulf*, l'un des fecrétaires de mylord.

Après cet entretien le bachelier me tira à part & me dit ; il faut que cet Anglais, que j'avais cru d'abord antropopophage, foit un bien bon homme ; car il eft théologien, & il ne m'a point dit d'injures. Je lui apris que monfieur *Freind* était tolérant, & qu'il defcendait de la fille de *Guillaume Pen* le premier des tolérans, & le fondateur de Philadelphie. Tolérant & Philadelphie ! s'écria-t-il ; je n'avais jamais entendu parler de ces fectes là ? Je le mis au fait, il ne pouvait me croire ; il penfait ètre dans un autre univers, & il avait raifon.

CHAPITRE IV.

Retour à Londres; Jenni *commence à se co-rompre.*

Tandis que notre digne philosophe *Freind* éclairait ainsi les Barcelonois, & que son fils *Jenni* enchantait les Barcelonoises, my-lord *Peterborou* fut perdu dans l'esprit de la reine *Anne*, & dans celui de l'archiduc, pour leur avoir donné Barcelone. Les courtisans lui reprochèrent d'avoir pris cette ville contre toutes les règles, avec une armée, moins forte de moitié que la garnison. L'archiduc en fut d'abord très piqué, & l'ami *Freind* fut obligé d'imprimer l'apologie du général. Cependant cet archiduc, qui était venu conquérir le royaume d'Espagne, n'avait pas de quoi payer son chocolat. Tout ce que la reine *Anne* lui avait donné était dissipé. *Montécuculi* dit dans ses mémoires, qu'il faut trois choses pour faire la guerre : 1°. de l'argent, 2°. de l'argent, 3°. de l'argent. L'archiduc écrivit de Guadalaxara où il était le 11 Auguste 1706, à mylord *Peterborou*, une grande lettre signée *yo el rey*, par laquelle il le conjurait d'aller sur le champ à Gènes lui chercher sur son crédit cent mille livres sterling pour régner (*a*). Voilà

_____

(*a*) Elle est imprimée dans l'apologie du comte de

B 5

donc notre *Sertorius* devenu banquier gé-
nois de général d'armée : il confia fa détreffe
à l'ami *Freind* ; tous deux allèrent à Gènes ; je les fuivis ; car vous favez que mon
cœur me mène. J'admirai l'habileté & l'efprit de conciliation de mon ami dans cette
afaire délicate. Je vis qu'un bon efprit
peut fufire à tout; notre grand *Locke* était
médecin. Il fut le feul métaphyficien de
l'Europe, & il rétablit les monnaies d'Angleterre.

Freind en trois jours trouva les cent mille
livres fterling que la cour de *Charles VI*
mangea en moins de trois femaines. Après
quoi il falut que le général, acompagné de
fon théologien, allât fe juftifier à Londres
en plein parlement, d'avoir conquis la Catalogne contre les règles, & de s'être ruiné
pour le fervice de la caufe commune. L'a-
faire traîna en longueur & en aigreur, comme toutes les afaires de parti.

Vous favez que monfieur *Freind* avait été
député en parlement avant d'être prêtre, &
qu'il eft le feul à qui l'on ait permis d'exercer ces deux fonctions incompatibles. Or
un jour que *Freind* méditait un difcours
qu'il devait prononcer dans la chambre des
communes, dont il était un digne membre,
on lui annonça une dame efpagnole qui de-

Peterborou, par le docteur *Freind*, page 143, chez *Jonas Bourer*.

mandait à lui parler pour afaire preffante.
C'était *Dona Boca Vermeja* elle - mème. Elle
était toute en pleurs ; notre bon ami lui fit
fervir à déjeûner. Elle effuya fes larmes,
déjeûna, & lui parla ainfi :

Il vous fouvient, mon cher monfieur, qu'en
allant à Gènes vous ordonnâtes à monfieur
votre fils *Jenni* de partir de Barcelone pour
Londres, & d'aller s'inftaller dans l'emploi
de clerc de l'échiquier que votre crédit lui a
fait obtenir. Il s'embarqua fur le *Triton* avec
le jeune bachelier *Don Papa Dexando*, &
quelques autres que vous aviez convertis.
Vous jugez bien que je fus du voyage avec
ma bonne amie *Las Nalgas*. Vous favez que
vous m'avez permis d'aimer monfieur votre
fils, & que je l'adore. ...

Moi, mademoifelle ! je ne vous ai point
permis ce petit commerce, je l'ai toléré :
cela eft bien diférent. Un bon père ne doit
être ni le tyran de fon fils, ni fon mercure.
La fornication entre deux perfonnes libres
a été peut-être autrefois une efpèce de droit
naturel dont *Jenni* peut jouir avec difcré-
tion fans que je m'en mèle ; je ne le gène
pas plus fur fes maîtreffes que fur fon dîner
& fur fon fouper. S'il s'agiffait d'un adultère, j'avoue que je ferais plus dificile, parce
que l'adultère eft un larcin ; mais pour vous,
mademoifelle, qui ne faites tort à perfonne,
je n'ai rien à vous dire.

Eh bien, monfieur, c'eft d'adultère qu'il
s'agit. Le beau *Jenni* m'abandonne pour une

jeune mariée qui n'eſt pas ſi belle que moi.
Vous ſentez bien que c'eſt une injure atroce.
Il a tort , dit alors monſieur *Freind*. *Boca Ver-*
meja , en verſant quelques larmes, lui conta
comment *Jenni* avait été jaloux , ou fait ſem-
blant d'être jaloux du bachelier ; comment
madame *Clive - Hart*, jeune mariée , très
éfrontée, très emportée, très maſculine,
très méchante, s'était emparée de ſon eſprit ;
comment il vivait avec des libertins non
craignant Dieu, comment enfin il mépri-
ſait ſa fidèle *Boca Vermeja* pour la coquine
de *Clive-Hart ;* parce que la *Clive-Hart* avait
une nuance ou deux de blancheur & d'in-
carnat au-deſſus de la pauvre *Boca Vermeja*.

J'examinerai cette afaire là à loiſir , dit
le bon *Freind*. Il faut que j'aille en parlement pour celle de mylord *Peterborou ;* il
alla donc en parlement ; je l'y entendis prononcer un diſcours ferme & ſerré, ſans aucun lieu commun, ſans épithète, ſans ce que
nous apellons des fraſes, il *n'invoquait* point
un témoignage, une loi ; il les ateſtait, il les
citait, il les réclamait ; il ne diſait point qu'on
avait *ſurpris la religion* de la cour en acuſant
mylord *Peterborou* d'avoir hazardé les trou-
pes de la reine *Anne*, parce que ce n'était
pas une afaire de religion : il ne prodiguait
pas à une conjecture le nom de démonſtra-
tion ; il ne manquait pas de reſpect à l'au-
guſte aſſemblée du parlement par de fades
plaiſanteries bourgeoiſes : il n'apellait pas
mylord *Peterborou* ſon client, parce que le

mot de client fignifie un homme de la bourgeoifie protégé par un fénateur, *Freind* parlait avec autant de modeftie que de fermeté :
on l'écoutait en filénce ; on ne l'interrom-
pait qu'en difant ; *hear him* , *hear him* , écoutez - le, écoutez - le. La chambre des communes vota qu'on remercierait le comte de
Peterborou au lieu de le condamner. Mylord
obtint la même juftice de la cour des pairs ,
& fe prépara à repartir avec fon cher *Freind*
pour aller donner le royaume d'Efpagne à
l'archiduc ; ce qui n'arriva pourtant pas , par
la raifon que rien n'arrive dans ce monde
précifément comme on le veut.

Au fortir du parlement , nous n'eûmes
rien de plus preffé que d'aller nous informer
de la conduite de *Jenni*. Nous aprîmes en
éfet qu'il menait une vie débordée & cra-
puleufe avec madame *Clive - Hart*, & une
troupe de jeunes athées , d'ailleurs gens d'efprit, à qui leurs débauches avaient perfuadé
,, que l'homme n'a rien au-deffus de la bête,
,, qu'il nait & meurt comme la bête, qu'ils
,, font également formés de terre , qu'ils
,, retournent également à la terre , & qu'il
,, n'y a rien de bon & de fage que de fe ré-
,, jouir dans fes œuvres, & de vivre avec
,, celle que l'on aime , comme le conclut
,, *Salomon* à la fin de fon chapitre troifième
,, du *Coheleth*, que nous nommons *Ecclé-*
,, *fiaftes*.

Ces idées leur étaient principalement in-
finuées par un nommé *Warburton* , méchant

garnement très impudent. J'ai lu quelque
chofe des manuforits de ce fou. Dieu nous
préferve de les voir imprimés un jour !
Warburton prétend que *Moïfe* ne croyait pas
à l'immortalité de l'ame; & comme en éfet
Moïfe n'en parla jamais, il en conclut que
c'eft la feule preuve que fa miffion était
divine. Cette conclufion abfurde fait malheureufement conclure que la fecte juive
était fauffe ; les impies en concluent par
conféquent que la nôtre fondée fur la juive
eft fauffe auffi, & que cette nôtre qui eft
la meilleure de toutes étant fauffe, toutes
les autres font encor plus fauffes ; qu'ainfi il
n'y a point de religion. De-là quelques gens
viennent à conclure qu'il n'y a point de
Dieu ; ajoutez à ces conclufions que ce petit
Warburton eft un intrigant & un calomnia-
teur. Voyez quel danger !

Un autre fou nommé *Néedham*, qui eft
en fecret jéfuite, va bien plus loin. Cet
animal comme vous le favez d'ailleurs, &
comme on vous l'a tant dit, s'imagine qu'il
a créé des anguilles avec de la farine de
feigle, & du jus de mouton ; que fur le
champ ces anguilles en ont produit d'autres, fans accouplement. Auffi-tôt nos phi-
lofophes décident qu'on peut faire des hommes avec de la farine de froment & du jus
de perdrix ; parce qu'ils doivent avoir une
origine plus noble que celle des anguilles:
ils prétendent que ces hommes en produi-
ront d'autres incontinent ; qu'ainfi ce n'eft

point Dieu qui a fait l'homme, que tout s'eft fait de foi-même, qu'on peut très bien fe paffer de Dieu, qu'il n'y a point de Dieu. Jugez quels ravages le *Coheleth* mal entendu, & *Warburton* & *Néedham* bien entendus, peuvent faire dans de jeunes cœurs tout pétris de paffions, & qui ne raifonnent que d'après elles.

Mais ce qu'il y avait de pis, c'eft que *Jenni* avait des dettes par-deffus les oreilles, il les payait d'une étrange façon. Un de fes créanciers était venu le jour même lui demander cent guinées, pendant que nous étions en parlement. Le beau *Jenni*, qui jufques là paraiffait très doux & très poli, s'était battu avec lui, & lui avait donné pour tout payement un bon coup d'épée. On craignait que le bleffé n'en mourût : *Jenni* allait être mis en prifon, & rifquait d'être pendu, malgré la protection de my-lord *Peterborou*.

CHAPITRE V.

On veut marier Jenni.

IL nous fouvient, mon cher ami, de la douleur & de l'indignation qu'avait reffentie le vénérable *Freind*, quand il aprit que fon cher *Jenni* était à Barcelone dans les prifons du Saint-Ofice. Croyez qu'il fut faifi d'un plus violent tranfport en apre-

nant les déportemens de ce malheureux enfant, fes débauches, fes diffipations, fa
manière de payer fes créanciers & fon danger d'être pendu. Mais *Freind* fe contint.
C'eſt une choſe étonnante que l'empire de
cet excellent homme fur lui-même. Sa raifon commande à fon cœur comme un bon
maître à un bon domeſtique. Il fait tout à-
propos & agit prudemment avec autant de
célérité que les imprudens fe déterminent.
Il n'eſt pas tems, dit-il, de prêcher *Jenni*;
il faut le tirer du précipice.

Vous faurez que notre ami avait touché
la veille une très groſſe fomme de la fuc-
ceſſion de *George Hubert* fon oncle. Il va
chercher lui-même notre grand chirurgien
Cheſelden. Nous le trouvons heureuſement;
nous allons enfemble chez le créancier bleſſé.
Monſieur *Freind* fait viſiter fa plaie, elle n'é-
tait pas mortelle. Il donne au patient les cent
guinées pour premier apareil, & cinquante
autres en forme de réparation; il lui demande pardon pour fon fils, il lui exprime
fa douleur avec tant de tendreſſe, avec tant
de vérité, que ce pauvre homme qui était
dans fon lit l'embraſſe en verſant des larmes, & veut lui rendre fon argent. Ce ſpectacle étonnait & attendriſſait le jeune monfieur *Cheſelden* qui commence à fe faire une
grande réputation, & dont le cœur eſt auſſi
bon que fon coup d'œil & fa main font habiles.
J'étais ému, j'étais hors de moi; je n'avais
jamais tant révéré, tant aimé notre ami.

Je

Je lui demandai en retournant à fa maifon s'il ne ferait pas venir fon fils chez lui, s'il ne lui repréfenterait pas fes fautes. Non, dit-il, je veux qu'il les fente avant que je lui en parle. Soupons ce foir tous deux ; nous verrons enfemble ce que l'honnêteté m'oblige de faire. Les exemples corrigent bien mieux que les réprimandes.

J'allai en attendant le fouper chez *Jenni* ; je le trouvai comme je penfe que tout homme eft après fon premier crime, pâle, l'œil égaré ; la voix rauque & entrecoupée, l'efprit agité ; répondant de travers à tout ce qu'on lui difait. Enfin, je lui apris ce que fon père venait de faire. Il refta immobile, me regarda fixement ; puis fe détourna un moment pour verfer quelques larmes. J'en augurai bien ; je conçus une grande efpérance que *Jenni* pourait ètre un jour très honnête-homme. J'allais me jetter à fon cou lorfque madame *Clive-Hart* entra avec un jeune étourdi de fes amis nommé *Birton*.

Eh bien, dit la dame en riant, eft-il vrai que tu as tué un homme aujourd'hui ? C'était aparemment quelque ennuieux ; il eft bon de délivrer le monde de ces gens-là. Quand il te prendra envie d'en tuer quelqu'autre, je te prie de donner la préférence à mon mari, car il m'ennuie furieufement.

Je regardais cette femme des pieds jufqu'à la tète. Elle était belle ; mais elle me parut avoir quelque chofe de finiftre dans la

C

physionomie. *Jenni* n'ofait répondre , & baiffait les yeux parce que j'étais-là. Qu'as-tu donc, mon ami? lui dit *Birton*. Il femble que tu ayes fait quelque mal; je viens te remettre ton péché. Tien, voici un petit livre que je viens d'acheter chez *Lintot* ; il prouve , comme deux & deux font quatre, qu'il n'y a ni Dieu, ni vice ni vertu. Cela eft confolant. Buvons enfemble.

A cet étrange difcours je me retirai au plus vîte. Je fis fentir difcrétement à monfieur *Freind* combien fon fils avait befoin de fa préfence & de fes confeils. Je le conçois comme vous, dit ce bon père; mais commençons par payer fes dettes. Toutes furent aquitées dès le lendemain matin. *Jenni* vint fe jetter à fes pieds. Croiriez - vous bien que le père ne lui fit aucun reproche! il l'abandonna à fa confcience , & lui dit feulement, mon fils, fouvenez - vous qu'il n'y a point de bonheur fans la vertu.

Enfuite il maria *Boca Vermeja* avec le bachelier de Catalogne , pour qui elle avait un penchant fecret malgré les larmes qu'elle avait répandues pour *Jenni* ; car tout cela s'accorde merveilleufement chez les femmes. On dit que c'eft dans leurs cœurs que toutes les contradictions fe raffemblent. C'eft fans doute parce qu'elles ont été pètries originairement d'une de nos côtes.

Le généreux *Freind* paya la dot des deux mariés; il plaça bien tous fes nouveaux convertis, par la protection de mylord *Peter-*

borou ; car ce n'eſt pas aſſez d'aſſurer le ſalut des gens ; il faut les faire vivre.

Ayant dépêché toutes ces bonnes actions avec ce ſang froid actif qui m'étonnait toujours, il conclut qu'il n'y avait d'autre parti à prendre pour remettre ſon fils dans le chemin des honnêtes gens que de le marier avec une perſonne bien née qui eût de la beauté, des mœurs, de l'eſprit, & même un peu de richeſſes, & que c'était le ſeul moyen de détacher *Jenni* de cette déteſtable *Clive - Hart*, & des gens perdus qu'il fréquentait.

J'avais entendu parler de mademoiſelle *Primeroſe*, jeune héritière, élevée par myladi *Hervey* ſa parente. Mylord *Peterborou* m'introduiſit chez myladi *Hervey*. Je vis miſs *Primeroſe*, & je jugeai qu'elle était bien capable de remplir toutes les vues de mon ami *Freind*. *Jenni* dans ſa vie débordée avait un profond reſpect pour ſon père, & même de la tendreſſe. Il était touché principalement de ce que ſon père ne lui faiſait aucun reproche de ſa conduite paſſée. Ses dettes payées ſans l'en avertir, des conſeils ſages donnés à propos & ſans réprimandes, des marques d'amitié échapées de tems en tems ſans aucune familiarité qui eût pu les avilir, tout cela pénétrait *Jenni*, né ſenſible & avec beaucoup d'eſprit. J'avais toutes les raiſons de croire que la fureur de ſes déſordres céderait aux charmes de *Primeroſe*, & aux étonnantes vertus de mon ami.

C 2

Mylord *Peterborou* lui-même préfenta d'a-
bord le père ; & enfuite *Jenni* chez myladi
Hervey. Je remarquai que l'extrême beauté
de *Jenni* fit d'abord une impreffion profonde fur le cœur de *Primerofe* ; car je la
vis baiffer les yeux, les relever & rougir.
Jenni ne parut que poli ; & *Primerofe* avoüa
à myladi *Hervey* qu'elle eût bien fouhaité
que cette politeffe fût de l'amour.

Peu-à-peu notre beau jeune homme dé-
mêla tout le mérite de cette incomparable
fille, quoiqu'il fut fubjugué par l'infâme
Clive-Hart. Il était comme cet Indien invité
par un ange à cueillir un fruit célefte, &
retenu par les grifes d'un dragon. Ici le
fouvenir de ce que j'ai vu me fufoque. Mes
pleurs mouillent mon papier. Quand j'aurai
repris mes fens, je reprendrai le fil de mon
hiftoire.

CHAPITRE VI.

Avanture épouvantable.

L'On était prêt de conclure le mariage
de la belle *Primerofe* avec le beau *Jenni*.
Notre ami *Freind* n'avait jamais goûté une
joie plus pure ; je la partageais. Voici comme elle fut changée en un défaftre que je
puis à peine comprendre.

La *Clive-Hart* aimait *Jenni* en lui faifant

continuellement des infidélités. C'eſt le ſort,
dit-on, de toutes les femmes, qui, en mé-
priſant trop la pudeur, ont renoncé à la
probité. Elle trahiſſait ſurtout ſon cher *Jenni*
pour ſon cher *Birton* & pour un autre dé-
bauché de la même trempe. Ils vivaient en-
ſemble dans la crapule. Et ce qui ne ſe voit
peut-être que dans notre nation, c'eſt qu'ils
avaient tous de l'eſprit & de la valeur. Mal-
heureuſement ils n'avaient jamais plus d'eſprit que contre Dieu. La maiſon de madame
Clive-Hart était le rendez-vous des athées.
Encor s'ils avaient été des athées gens de
bien comme *Epicure* & *Leontium*, comme
Lucrèce & *Memmius*, comme *Spinoſa* qu'on
dit avoir été un des plus honnêtes hommes
de la Hollande, comme *Hobbes* ſi fidèle à
ſon infortuné monarque *Charles premier*....
Mais !...

Quoi qu'il en ſoit, *Clive-Hart* jalouſe
avec fureur de la tendre & innocente *Primeroſe*, ſans être fidèle à *Jenni*, ne put ſou-
frir cet heureux mariage. Elle médite une
vengeance dont je ne crois pas qu'il y ait
d'exemple dans notre ville de Londres, où
nos pères ont vu cependant tant de crimes
de tant d'eſpèces.

Elle ſut que *Primeroſe* devait paſſer devant
ſa porte en revenant de la cité, où cette
jeune perſonne était allée faire des emplet-
tes avec ſa femme de chambre. Elle prend
ce tems pour faire travailler à un petit ca-

nal souterrain qui conduisait l'eau dans ses
ofices.

Le carosse de *Primerose* fut obligé en revenant de s'arrêter vis-à-vis cet embaras.
La *Clive-Hart* se présente à elle, la prie de
descendre, de se reposer, d'accepter quelques rafraîchissemens, en atendant que le
chemin soit libre. La belle *Primerose* trem-
blait à cette proposition; mais *Jenni* était
dans le vestibule. Un mouvement involon-
taire plus fort que la réflexion la fit descendre. *Jenni* courait au-devant d'elle & lui
donnait déjà la main. Elle entre; le mari
de la *Clive-Hart* était un yvrogne imbécille,
odieux à sa femme autant que soumis, à char-
ge même par ses complaisances. Il présente
d'abord en balbutiant des rafraîchissemens à la
demoiselle qui honore sa maison, il en boit
après elle. La dame *Clive-Hart* les emporte
sur le champ & en fait présenter d'autres.
Pendant ce tems la rue est débarassée. *Primerose* remonte en carosse & rentre chez sa
mère.

Au bout d'un quart-d'heure elle se plaint
d'un mal de cœur, & d'un étourdissement.
On croit que ce petit dérangement n'est
que l'éfet du mouvement du carosse. Mais
le mal augmente de moment en moment;
& le lendemain elle était à la mort. Nous
courûmes chez elle, Mr. *Freind* & moi. Nous
trouvâmes cette charmante créature pâle,
livide, agitée de convulsions, les lèvres re-

tirées, les yeux tantôt éteints, tantôt étin-
celans & toujours fixes. Des taches noires
défiguraient sa belle gorge & son beau vifage. Sa mère était évanouie à côté de son
lit. Le fecourable *Chefelden* prodiguait en vain
toutes les reffources de fon art. Je ne vous
peindrai point le défefpoir de *Freind*; il était
inexprimable. Je vole au logis de la *Clive-
Hart*. J'aprends que fon mari vient de mourir, & que la femme a déferté la maifon. Je
cherche *Jenni*, on ne le trouve pas. Une
fervante me dit que fa maîtreffe s'eft jettée
aux pieds de *Jenni*, & l'a conjuré de ne la
pas abandonner dans fon malheur, qu'elle
eft partie avec *Jenni* & *Birton*, & qu'on ne
fait où elle eft allée.

Ecrafé de tant de coups fi rapides & fi
multipliés, l'efprit bouleverfé par des foup-
çons horribles que je chaffais, & qui reve-
naient, je me traîne dans la maifon de la
mourante. Cependant, me difais-je à moi-
même, fi cette abominable femme s'eft jettée
aux genoux de *Jenni*, fi elle l'a prié d'avoir
pitié d'elle, il n'eft donc point complice.
Jenni eft incapable d'un crime fi lâche, fi
afreux; qu'il n'a eu nul intérêt, nul motif
de commettre; qui le priverait d'une femme
adorable & de fa fortune, qui le rendrait
exécrable au genre-humain. Faible, il fe
fera laiffé fubjuguer par une malheureufe
dont il n'aura pas connu les noirceurs. Il
n'a point vu comme moi *Primerofe* expi-
rante, il n'aurait point quitté le chevet de

fon lit pour fuivre l'empoifonneufe de fa femme. Dévoré de ces penfées j'entre en friffonnant chez celle que je craignais de ne plus trouver en vie. Elle refpirait. Le vieux *Clive-Hart* avait fuccombé en un moment, parce que fon corps était ufé par les débauches ; mais la jeune *Primerofe* était foutenue par un tempérament auffi robufte que fon ame était pure. Elle m'aperçut, & d'une voix tendre elle me demanda où était *Jenni* ? A ce mot, j'avoue qu'un torrent de larmes coula de mes yeux. Je ne pus lui répondre ; je ne pus parler au père. Il falut la laiffer enfin entre les mains fidèles qui la fervaient.

Nous allâmes inftruire mylord de ce défaftre. Vous connaiffez fon cœur ; il eft auffi tendre pour fes amis que terrible à fes ennemis. Jamais homme ne fut plus compatiffant avec une phyfionomie plus dure. Il fe donna autant de peine pour fecourir la mourante, pour découvrir l'afyle de *Jenni* & de fa fcélérate, qu'il en avait prifes pour donner l'Efpagne à l'archiduc. Toutes nos recherches furent inutiles. Je crus que *Freind* en mourait. Nous volions tantôt chez *Primerofe* dont l'agonie était longue, tantôt à Rochefter, à Douvres, à Portfmouth ; on envoyait des couriers partout, on était partout, on errait à l'avanture, comme des chiens de chaffe qui ont perdu la voie ; & cependant la mère infortunée de l'infortunée *Primerofe* voyait d'heure en heure mourir fa fille.

Enfin, nous aprenons qu'une femme affez jeune & affez belle, acompagnée de trois jeunes gens & de quelques valets, s'eft embarquée à Neuport dans le comté de Pembroke, fur un petit vaiffeau qui était à la rade plein de contrebandiers; & que ce bâtiment eft) parti pour l'Amérique feptentrionale.

Freind à cette nouvelle pouffa un profond foupir, puis tout - à - coup fe recueillant & me ferrant la main; il faut, dit - il, que j'aille en Amérique. Je lui répondis en l'admirant & en pleurant, je ne vous quitterai pas; mais que pourez-vous faire ? ramener mon fils unique, dit - il, à fa patrie & à la vertu, ou m'enfevelir auprès de lui. Nous ne pouvions douter en éfet, aux indices qu'on nous donna, que ce ne fût *Jenni* qui s'était embarqué avec cette horrible femme & *Birton*, & les garnemens de fon cortège.

Le bon père, ayant pris fon parti, dit adieu à mylord *Peterborou* qui retourna bientôt en Catalogne, & nous allames frêter à Briftol un vaiffeau pour la rivière de Laware & pour la baye de Mariland. *Freind* concluait que ces parages étant au milieu des poffeffions anglaifes, il falait y diriger fa navigation, foit que fon fils fût vers le fud, foit qu'il eût marché vers le feptentrion. Il fe munit d'argent, de lettres de change & de vivres, laiffant à Londres un domeftique afidé, chargé de lui donner des nouvelles

par les vaiſſeaux qui allaient toutes les ſe-
maines dans le Mariland ou dans la Pen-
ſilvanie.

Nous partîmes ; les gens de l'équipage, en
voyant la ſérénité ſur le viſage de *Freind*,
croyaient que nous faiſions un voyage de
plaiſir. Mais quand il n'avait que moi pour
témoin, ſes ſoupirs m'expliquaient aſſez ſa
douleur profonde. Je m'aplaudiſſais quelquefois en ſecret de l'honneur de conſoler
une ſi belle ame. Un vent d'oueſt nous re-
tint longtems à la hauteur des Sorlingues.
Nous fumes obligés de diriger notre route
vers la nouvelle Angleterre. Que d'informations nous fimes ſur toute la côte! que de
tems & de ſoins perdus! Enfin un vent de
nord-eſt s'étant levé, nous tournâmes vers
Mariland. C'eſt là qu'on nous dépeignit
Jenni, la *Clive - Hart* & leurs compagnons.

Ils avaient ſéjourné ſur la côte pendant
plus d'un mois, & avaient étonné toute la
colonie par des débauches & des magnificen-
ces inconnues juſqu'alors dans cette partie
du globe; après quoi ils étaient diſparus, &
perſonne ne ſavait de leurs nouvelles.

Nous avançâmes dans la baye avec le deſ-
ſein d'aller juſqu'à Baltimore prendre de nouvelles informations.

CHAPITRE VII.

Ce qui ariva en Amérique.

NOUS trouvâmes dans la route fur la droite une habitation très bien entendue. C'était une maifon baffe, commode & propre, entre une grange fpacieufe & une vafte étable, le tout entouré d'un jardin où croiffaient tous les fruits du pays. Cet enclos apartenait à un vieillard qui nous invita à defcendre dans fa retraite. Il n'avait pas l'air d'un Anglais, & nous jugeâmes bientôt à fon accent qu'il était étranger. Nous encrâmes ; nous defcendîmes ; ce bon homme nous reçut avec cordialité, & nous donna le meilleur repas qu'on puiffe faire dans le nouveau monde.

Nous lui infinuâmes difcrétement notre défir de favoir à qui nous avions l'obligation d'etre fi bien reçus. Je fuis, dit - il, un de ceux que vous apellez fauvages. Je naquis fur une des montagnes bleues qui bordent cette contrée, & que vous voyez à l'occident. Un gros vilain ferpent à fonnette m'avait mordu dans mon enfance fur une de ces montagnes. J'étais abandonné, j'allais mourir. Le père de mylord *Baltimore* d'aujourd'hui me rencontra, me mit entre les mains de fon médeçin, & je lui dus la

vie. Je lui rendis bientôt ce que je lui devais; car je lui fauvai la fienne dans un com-
bat contre une horde voifine. Il me donna
pour récompenfe cette habitation où je vis
heureux.

Monfieur *Freind* lui demanda s'il était de
la religion du lord *Baltimore* ? Moi, dit-il, je
fuis de la mienne ; pourquoi voudriez-vous
que je fuffe de la religion d'un autre homme ?
Cette réponfe courte & énergique nous fit
rentrer un peu en nous-mêmes. Vous avez
donc, lui dis-je, votre Dieu & votre loi ?
Oui, nous répondit-il, avec une affurance
qui n'avait rien de la fierté ; mon Dieu eft là,
& il montra le ciel ; ma loi eft là dedans, & il
mit la main fur fon cœur.

Monfieur *Freind* fut faifi d'admiration, &
me ferrant la main ; cette pure nature, me
dit-il, en fait plus que tous les bacheliers qui
ont raifonné avec nous dans Barcelone.

Il était preffé d'aprendre, s'il fe pouvait,
quelque nouvelle certaine de fon fils *Jenni*.
C'était un poids qui l'opreffait. Il demanda fi
on n'avait pas entendu parler de cette bande
de jeunes gens qui avaient fait tant de fracas
dans les environs ? Comment ! dit le vieillard, fi on m'en a parlé ! je les ai vus, je les ai
reçus chez moi ; & ils ont été fi contens de ma
réception qu'ils font partis avec une de mes
filles.

Jugez quel fut le frémiffement & l'éfroi de
mon ami à ce difcours. Il ne put s'empêcher
de s'écrier dans fon premier mouvement,

Quoi! votre fille a été enlevée par mon fils!
Bon Anglais, lui repartit le vieillard, ne te
fâches point; je suis très-aise que celui qui est
parti de chez moi avec ma fille soit ton fils;
car il est beau, bien fait, & paraît courageux.
Il ne m'a point enlevé ma chère *Parouba*; car
il faut que tu saches que *Parouba* est son nom,
parce que *Parouba* est le mien. S'il m'avait
pris ma *Parouba*, ce serait un vol; & mes
cinq enfans mâles, qui sont à présent à la chasse
dans le voisinage à quarante ou cinquante
milles d'ici, n'auraient pas soufert cet afront.
C'est un grand péché de voler le bien d'autrui.
Ma fille s'en est allée de son plein gré avec ces
jeunes gens; elle a voulu voir le pays; c'est
une petite satisfaction qu'on ne doit pas refu-
ser à une personne de son âge. Ces voyageurs
me la rendront avant qu'il soit un mois, j'en
suis sûr; car ils me l'ont promis. Ces paroles
m'auraient fait rire, si la douleur où je
voyais mon ami plongé n'avait pas pénétré
mon ame, qui en était toute occupée.

Le soir, tandis que nous étions prêts à
partir & à profiter du vent, arrive un des
fils de *Parouba* tout essouflé, la pâleur, l'horreur & le désespoir sur le visage. Qu'as-tu
donc, mon fils; d'où viens-tu? je te croyais
à la chasse. Que t'est-il arrivé? es-tu blessé par
quelque bête sauvage? — Non, mon père,
je ne suis point blessé, mais je me meurs. —
Mais d'où viens-tu encor une fois, mon cher
fils? De quarante milles d'ici sans m'arrêter,
mais je suis mort.

Le père tout tremblant le fait repofer. On lui donne des reftaurans ; nous nous empreffons autour de lui, fes petits frères, fes petites fœurs, monfieur *Freind* & moi, & nos domeftiques. Quand il eut repris fes fens, il fe jeta au cou du bon vieillard *Parouba*. Ah! dit-il en fanglotant, ma fœur *Parouba* eft prifonnière de guerre, & probablement va être mangée.

Le bon homme *Parouba* tomba par terre à ces paroles. Monfieur *Freind*, qui était père auffi, fentit fes entrailles s'émouvoir. Enfin *Parouba* le fils nous aprit qu'une troupe de jeunes Anglais fort étourdis avait attaqué par paffe-tems des gens de la montagne bleue. Ils avaient, dit-il, avec eux une très belle femme & fa fuivante; & je ne fais comment ma fœur fe trouvait dans cette compagnie. La belle Anglaife a été tuée & mangée, ma fœur a été prife & fera mangée tout de même. Je viens ici chercher du fecours contre les gens de la montagne bleue; je veux les tuer, les manger à mon tour, reprendre ma chère fœur, ou mourir.

Ce fut alors à monfieur *Freind* de s'évanouir; mais l'habitude de fe commander à lui-même le foutint. Dieu m'a donné un fils, me dit-il; il reprendra le fils & le père quand le moment d'exécuter fes décrets éternels fera venu. Mon ami, je ferais tenté de croire que Dieu agit quelquefois par une providence particulière, foumife à fes loix générales, puifqu'il punit en Amérique les crimes commis en Europe, & que la fcélérate *Clive-Hart* eft morte comme elle devait mourir. Peut-être le fouverain fabricateur de tant de mondes aura-t-il arangé les chofes de façon que les grands forfaits commis dans un globe font expiés quelquefois dans ce globe même. Je n'ofe le croire, mais je le fouhaite; & je le croirais fi cette idée n'était pas contre toutes les règles de la bonne métaphyfique.

Après des réflexions fi triftes fur de fi fatales avantures fort ordinaires en Amérique, *Freind* prit fon parti incontinent felon fa coutume. J'ai un bon vaiffeau, dit-il à fon hôte, il eft bien aprovifionné; remontons le golfe avec la marée le plus près que nous pourons des montagnes bleues. Mon afaire la plus preffée eft à préfent de fauver votre fille. Allons vers vos anciens compatriotes; vous leur direz que je viens leur aporter le calumet de la paix, & que je fuis le petit-fils de *Pen :* ce nom feul fufira.

A ce nom de *Pen* fi révéré dans toute l'Amérique boréale, le bon *Parouba* & fon fils fentirent les mouvemens du plus profond refpect, & de la plus chère efpérance. Nous nous embarquons, nous mettons à la voile, nous abordons en trente-fix heures auprès de Baltimore.

A peine étions-nous à la vue de cette petite place alors prefque déferte, que nous découvrîmes de loin une troupe nombreufe d'habitans des montagnes bleues qui defcendaient dans la plaine armés de caffe-têtes, de haches, & de ces moufquets que les Européans leur

ont fi fottement vendus pour avoir des pelle-
teries. On entendait déja leurs hurlemens
éfroyables. D'un autre côté s'avançaient quatre cavaliers fuivis de quelques hommes de
pied. Cette petite troupe nous prit pour des
gens de Baltimore qui venaient les combattre.
Les cavaliers courent fur nous à bride abat-
tue le fabre à la main. Nos compagnons fe pré-
paraient à lès recevoir. Monfieur *Freind*, ayant
regardé fixement les cavaliers, friffonna un
moment. Mais reprenant tout-à-coup fon fang
froid ordinaire ; ne bougez, mes amis ; nous
dit-il d'une voix attendrie ; laiffez-moi agir
feul. Il s'avance en éfet feul fans armes à pas
lents vers la troupe. Nous voyons en un moment le chef abandonner la bride de fon
cheval, fe jetter à terre & tomber profterné.
Nous pouffons un cri d'étonnement ; nous
aprochons, c'était *Jenni* lui-même qui bai-
gnait de larmes les pieds de fon père qui l'em-
braffait de fes mains tremblantes. Ni l'un ni
l'autre ne pouvait parler. *Birton* & les deux
jeunes cavaliers qui l'accompagnaient defcendirent de cheval. Mais *Birton* confervant fon
caractère lui dit, pardieu, notre cher *Freind*,
je ne t'attendais pas ici. Toi & moi nous fommes faits pour les avantures. Pardieu je fuis
bien aife de te voir.

Freind, fans daigner lui répondre, fe retourna vers l'armée des montagnes bleues qui
s'avançait. Il marche à elle avec le feul *Parouba* qui lui fervait d'interprète. Compatriotes,
leur

leur dit *Parouba*, voici le descendant de *Pen* qui vous aporte le calumet de la paix.

A ces mots le plus ancien du peuple répondit, en élevant les mains & les yeux au ciel; Un fils de *Pen!* que je baise ses pieds & ses mains, & ses parties sacrées de la génération. Qu'il puisse faire une longue race de *Pen!* que les *Pen* vivent à jamais; le grand *Pen* est notre *Manitou*, notre Dieu. Ce fut presque le seul des gens d'Europe qui ne nous trompa point, qui ne s'empara point de nos terres par la force. Il acheta le pays que nous lui cédames; il le paya libéralement; il entretint chez nous la concorde; il aporta des remedes pour le peu de maladies que notre commerce avec les gens d'Europe nous communiquait. Il nous enseigna des arts que nous ignorions. Jamais nous ne fumâmes contre lui, ni contre ses enfans, le calumet de la guerre; nous n'avons avec les *Pen* que le calumet de l'adoration.

Ayant parlé ainsi au nom de son peuple, il courut en éfet baiser les pieds & les mains de monsieur *Freind;* mais il s'abstint de parvenir aux parties sacrées, dés qu'on lui dit que ce n'était pas l'usage en Angleterre, & que chaque pays a ses cérémonies.

Freind fit aporter sur le champ une trentaine de jambons, autant de grands pâtés & de poulardes à la daube, deux cent gros flacons de vins de Pontac qu'on tira du vaisseau; il plaça à côté de lui le commandant des montagnes bleues. *Jenni* & ses compagnons furent du festin; mais *Jenni* aurait voulu être cent

D

pieds fous terre. Son père ne lui difait mot; & ce filence augmentait encor fa honte.

Birton, à qui tout était égal, montrait une gaieté évaporée. *Freind*, avant qu'on fe mit à manger, dit au bon *Parouba*; il nous manque ici une perfonne bien chère, c'eft votre fille. Le commandant des montagnes bleues la fit venir fur le champ; on ne lui avait fait aucun outrage; elle embraffa fon père & fon frère comme fi elle fût revenue de la promenade.

Je profitai de la liberté du repas pour demander par quelle raifon les guerriers des montagnes bleues avaient tué & mangé madame *Clive-Hart*, & n'avaient rien fait à la fille de *Parouba*? C'eft parce que nous fommes juftes, répondit le commandant. Cette fière Anglaife était de la troupe qui nous attaqua, elle tua un des nôtres d'un coup de piftolet par derrière. Nous n'avons rien fait à la *Parouba*, dès que nous avons fu qu'elle était la fille d'un de nos anciens camarades, & qu'elle n'était venue ici que pour s'amufer; il faut rendre à chacun felon fes œuvres.

Freind fut touché de cette maxime; mais il repréfenta que la coutume de manger des femmes était indigne de fi braves gens, & qu'avec tant de vertu on ne devait pas être antropophage.

Le chef des montagnes nous demanda alors ce que nous faifions de nos ennemis, lorfque nous les avions tués? Nous les enterrons, lui répondis-je. J'entends, dit-il, vous les faites manger par les vers. Nous voulons avoir la préférence ; nos eftomacs font une fépulture plus honorable.

Birton prit plaifir à foutenir l'opinion des montagnes bleues. Il dit que la coutume de mettre fon prochain au pot ou à la broche était la plus ancienne , & la plus natureile , puifqu'on l'avait trouvée établie dans les deux hémifphères ; qu'il était par conféquent démontré que c'était là une idée innée ; qu'on avait été à la chaffe aux hommes , avant d'aller à la chaffe aux bètes , par la raifon qu'il était bien plus aifé de tuer un homme que de tuer un loup. Que fi les Juifs , dans leurs livres fi longtems ignorés , ont imaginé qu'un nommé *Caïn* tua un nommé *Abel* , ce ne put être que pour le manger. Que ces Juifs eux - mèmes avouent nettement s'être nouris plufieurs fois de chair humaine ; que felon les meilleurs hiftoriens les Juifs dévorèrent les chairs fanglantes des Romains affaffinés par eux en Egypte , en Chypre , en Afie , dans leurs révoltes contre les empereurs *Trajan* & *Adrien.*

Nous lui laiffàmes débiter ces dures plaifanteries , dont le fond pouvait malheureufement être vrai , mais qui n'avait rien de l'atticifme grec & de l'urbanité romaine.

Le bon *Freind* , fans lui répondre , adreffa la parole aux gens du pays. *Parouba* l'interprètait phrafe à phrafe. Jamais le grave *Tillotfon* ne parla avec tant d'énergie. Jamais l'infinuant *Smaldrige* n'eut des graces fi touchantes. Le grand fecret eft de démontrer

avec éloquence. Il leur démontra donc que
ces festins où l'on se nourit de la chair de ses
semblables font des repas de vautours, & non
pas d'hommes, que cette exécrable coutume
inspire une férocité destructive du genre humain, que c'était la raison pour laquelle ils
ne connaissaient ni les consolations de la société, ni la culture de la terre. Enfin ils ju-
rèrent par leur grand *Manitou*, qu'ils ne man-
geraient plus ni hommes ni femmes.

Freind dans une seule conversation fut leur
législateur; c'était *Orphée* qui aprivoisait les
tigres. Les jésuites ont beau s'attribuer des
miracles dans leurs lettres curieuses & édi-
fiantes, qui font rarement l'un & l'autre; ils
n'égaleront jamais notre ami *Freind*.

Après avoir comblé de présens les seigneurs
des montagnes bleues, il ramena dans son
vaisseau le bon homme *Parouba* vers sa demeure. Le jeune *Parouba* fut du voyage avec
sa sœur; les autres frères avaient poursuivi
leur chasse du côté de la Caroline. *Jenni*, *Birton* & leurs camarades s'embarquèrent dans
le vaisseau; le sage *Freind* persistait toujours
dans sa méthode de ne faire aucun reproche
à son fils quand ce garnement avait fait quelque mauvaise action; il le laissait s'examiner
lui-même, & dévorer son cœur, comme dit
Pythagore. Cependant il reprit trois fois la
lettre qu'on lui avait aportée d'Angleterre, &
en la relisant il regardait son fils, qui baissait
toujours les yeux, & on lisait sur le visage de
ce jeune homme le respect & le repentir.

Pour *Birton* il était auffi gai & auffi défin-
volte que s'il était revenu de la comédie ; c'é-
tait un caractère à-peu-près dans le goût du feu
comte de *Rochefter*, extrème dans la débauche,
dans la bravoure, dans fes idées, dans fes expreffions, dans fa philofophie épicurienne,
n'étant attaché à rien finon aux chofes extraor-
dinaires dont il fe dégoûtait bien vite ; ayant
cette forte d'efprit qui tient les vraifemblances pour des démonftrations ; plus favant,
plus éloquent qu'aucun jeune homme de fon
âge ; mais ne s'étant jamais donné la peine de
rien aprofondir.

Il échapa à monfieur *Freind* en dinant avec
nous dans le vaiffeau de me dire ; en vérité,
mon ami, j'efpère que Dieu infpirera des
mœurs plus honnêtes à ces jeunes gens, &
que l'exemple terrible de la *Clive-Hart* les
corrigera.

Birton ayant entendu ces paroles lui dit
d'un ton un peu dédaigneux ; j'étais depuis
longtems très mécontent de cette méchante
Clive-Hart, je ne me foucie pas plus d'elle
que d'une poularde graffe qu'on aurait mife
à la broche ; mais en bonne foi, penfez-vous
qu'il exifte, je ne fais où, un être continuellement occupé à faire punir toutes les méchantes femmes, & tous les hommes pervers
qui peuplent & dépeuplent les quatre parties
de notre petit monde ? Oubliez-vous que notre déteftable *Marie*, fille de *Henri VIII*, fut
heureufe jufqu'à fa mort ? & cependant elle
avait fait périr dans les flammes plus de huit

cent citoyens & citoyennes, fur le feul prétexte qu'ils ne croyaient ni à la tranfubftan-
tiation ni au pape. Son père prefqu'auffi barbare qu'elle, & fon mari plus profondément
méchant, vécurent dans les plaifirs. Le pape
Alexandre VI, plus criminel qu'eux tous, fut
auffi le plus fortuné; tous fes crimes lui réuf-
firent, & il mourut à foixante & douze ans,
puiffant, riche, courtifé de tous les rois. Où
donc eft le Dieu jufte & vengeur? Non, pardieu, il n'y a point de Dieu.

Monfieur *Freind* d'un air auftère, mais tran-
quile, lui dit, monfieur, vous ne devriez pas
ce me femble jurer par Dieu même, que ce
Dieu n'exifte pas. Songez que *Newton* & *Locke*
n'ont prononcé jamais ce nom facré fans un
air de recueillement & d'adoration fecrète qui
a été remarqué de tout le monde.

Pox, repartit *Birton*, je me foucie bien de
la mine, que deux hommes ont faite! quelle
mine avait donc *Newton* quand il commentait
l'apocalypfe? & quelle grimace faifait *Locke*
lorfqu'il racontait la longue converfation d'un
perroquet avec le prince *Maurice ?* Alors
Freind prononça ces belles paroles d'or qui fe
gravèrent dans mon cœur: *Oublions les rêves
des grands hommes, & fouvenons-nous des vérités qu'ils nous ont enfeignées.* Cette réponfe
engagea une difpute réglée, plus intéreffante
que la converfation avec le bachelier de Salamanque; je me mis dans un coin, j'écrivis en
notes tout ce qui fut dit: on fe rangea autour
des deux combattans; le bon homme *Parouba*,

son fils, & surtout sa fille, les compagnons des débauches de *Jenni* écoutaient le cou tendu, les yeux fixés ; & *Jenni* la tête baissée, les deux coudes sur ses genoux, les mains sur ses yeux, semblait plongé dans la plus profonde méditation.

Voici mot à mot la dispute.

_____

CHAPITRE VIII.

Dialogue de Freind *&* de Birton *, sur l'athéisme.*

FREIND.

JE ne vous répéterai pas, monsieur, les argumens métaphysiques de notre célèbre *Clarke*. Je vous exhorte seulement à les relire ; ils sont plus faits pour vous éclairer que pour vous toucher ; je ne veux vous aporter que des raisons, qui peut-être parleront plus à votre cœur.

BIRTON.

Vous me ferez plaisir ; je veux qu'on m'amuse & qu'on m'intéresse ; je hais les sophismes : les disputes métaphysiques ressemblent à des ballons remplis de vent que les combattans se renvoyent. Les vessies crèvent, l'air en sort ; il ne reste rien.

D 4

F R E I N D.

Peut-être dans les profondeurs du respectable arien *Clarke* y a-t-il quelques obscurités,
quelques vessies ; peut-être s'est-il trompé sur
la réalité de l'infini actuel, & de l'espace &c ;
peut-être en se faisant commentateur de Dieu
a-t-il imité quelquefois les commentateurs
d'*Homère*, qui lui supposent des idées auxquelles *Homère* ne pensa jamais.

A ces mots d'infini, d'espace, d'Homère, de
commentateurs, le bon homme Parouba &
sa fille, & quelques Anglais mêmes voulu-
rent aller prendre l'air sur le tillac ; mais
Freind ayant promis d'être intelligible, ils
demeurèrent ; & moi j'expliquais tout bas
à Parouba quelques mots un peu scientifiques,
que des gens nés sur les montagnes bleues ne
pouvaient entendre aussi commodément que
des docteurs d'Oxford & de Cambridge.

L'ami *Freind* continua donc ainsi : il serait
triste que pour être sûr de l'existence de Dieu
il fût nécessaire d'être un profond métaphysi-
cien : il n'y aurait tout au plus en Angleterre
qu'une centaine d'esprits bien versés ou ren-
versés dans cette science ardue du pour & du
contre, qui fussent capables de sonder cet
abyme ; & le reste de la terre entière croupi-
rait dans une ignorance invincible, abandonné en proie à ses passions brutales, gouverné
parle seul instinct, & ne raisonnant passable-

ment que fur les groſſières notions de ſes in-
térèts charnels. Pour ſavoir s'il eſt un Dieu,
je ne vous demande qu'une choſe, c'eſt d'ouvrir les yeux.

BIRTON.

Ah! je vous vois venir ; vous recourez à ce
vieil argument tant rebattu, que le ſoleil tour-
ne ſur ſon axe en vingt - cinq jours & demi,
en dépit de l'abſurde inquiſition de Rome, que
la lumière nous arive réfléchie de Saturne en
quatorze minutes , malgré les ſupoſitions
abſurdes de *Deſcartes*; que chaque étoile fixe
eſt un ſoleil comme le nôtre, environné de
planètes ; que tous ces aſtres innombrables,
placés dans les profondeurs de l'eſpace, obéiſ-
ſent aux loix mathématiques, découvertes &
démontrées par le grand *Newton* ; qu'un ca-
téchiſte annonce Dieu aux enfans, & que
Newton le prouve aux ſages , comme le dit un
philoſophe *Frenchmann* perſécuté dans ſon
drôle de pays pour l'avoir dit.

Ne vous tourmentez pas à m'étaler cet ordre conſtant qui règne dans toutes les parties
de l'univers ; il faut bien que tout ce qui
exiſte ſoit dans un ordre quelconque : il faut
bien que la matière plus rare s'élève ſur la plus
maſſive, que le plus fort en tout ſens preſſe le
plus faible, que ce qui eſt pouſſé avec plus de
mouvement coure plus vîte que ſon égal ; tout
s'arange ainſi de ſoi-même. Vous auriez beau,
après avoir bu une pinte de vin comme *Eſ-*

dras, me parler comme lui neuf cent soixante
heures de suite sans fermer la bouche, je ne
vous en croirai pas davantàge. Voudriez-
vous que j'adoptasse un être éternel, infini
& immuable, qui s'est plû dans je ne sais quel
tems à créer de rien des choses qui changent
à tout moment, & à faire des araignées pour
éventrer des mouches ? Voudriez-vous que je
disse avec ce bavard impertinent de *Nieuven-*
tyt, que Dieu *nous a donné des oreilles pour*
avoir la foi, parce que la foi vient par ouï dire?
Non, non, je ne croirai point à des charlatans
qui ont vendu cher leurs drogues à des im-
béciles; je m'en tiens au petit livre d'un
Frenchman, qui dit que rien n'existe & ne
peut exister, sinon la nature, que la nature
fait tout, que la nature est tout ; qu'il est impossible & contradictoire qu'il existe quelque-
chose au-delà du tout; en un mot je ne crois
qu'à la nature.

F R E I N D.

Et si je vous disais qu'il n'y a point de
nature, & que dans nous, autour de nous
& à cent mille millions de lieues, tout est
art sans aucune exception !

B I R T O N.

Comment ? tout est art ! en voici bien
d'une autre !

FREIND.

Presque personne n'y prend garde. Cependant rien n'est plus vrai. Je vous dirai toujours, servez-vous de vos yeux, & vous reconnaîtrez, vous adorerez un Dieu. Songez comment ces globes immenses, que vous voyez rouler dans leur immense carrière, observent les loix d'une profonde mathématique; il y a donc un grand mathématicien que *Platon* apellait l'éternel géomètre. Vous admirez ces machines d'une nouvelle invention qu'on apelle *oréri*, parce que mylord *Oréri* les a mises à la mode en protégeant l'ouvrier par ses libéralités; c'est une très faible copie de notre monde planétaire & de ses révolutions, la période même du changement des solstices & des équinoxes qui nous amène de jour en jour une nouvelle étoile polaire, cette période, cette course si lente d'environ vingt-six mille ans, n'a pu être exécutée par des mains humaines dans nos *oréri*. Cette machine est très imparfaite; il faut la faire tourner avec une manivelle; cependant c'est un chef-d'œuvre de l'habileté de nos artisans. Jugez donc quelle est la puissance, quel est le génie de l'éternel architecte, si l'on peut se servir de ces termes impropres, si mal assortis à l'Etre suprême.

Je donnai une légère idée d'un oréri à Parouba. Il dit, s'il y a du génie dans cette copie, il faut bien qu'il y en ait dans l'original. Je vou-

drais voir un oréri ; mais le ciel est plus beau.
Tous les assistans Anglais & Américains en-
tendant ces mots furent également frapés de
la vérité, & levèrent les mains au ciel. Bir-
ton *demeura tout pensif, puis il s'écria ; quoi!*
tout serait art ; & la nature ne serait que
l'ouvrage d'un suprême artisan ! serait-il
possible ? Le sage *Freind* continua ainsi.

Portez à présent vos yeux sur vous-même ;
examinez avec quel art étonnant, & jamais
assez connu, tout y est construit en-dedans
& en-dehors pour tous vos usages & pour
tous vos désirs ; je ne prétends pas faire ici
une leçon d'anatomie, vous savez assez qu'il
n'y a pas un viscère qui ne soit nécessaire, &
qui ne soit secouru dans ses dangers par le jeu
continuel des viscères voisins. Les secours
dans le corps sont si artificieusement prépa-
rés de tous côtés, qu'il n'y a pas une seule
veine qui n'ait ses valvules & ses écluses pour
ouvrir au sang des passages. Depuis la racine
des cheveux jusqu'aux orteils des pieds, tout
est art, tout est préparation, moyen & fin.
Et en vérité, on ne peut que se sentir de l'indignation contre ceux qui osent nier les véritables causes finales, & qui ont assez de mauvaise foi ou de fureur pour dire que la bouche
n'est pas faite pour parler & pour manger,
que ni les yeux ne sont merveilleusement
disposés pour voir, ni les oreilles pour entendre, ni les parties de la génération pour en-

gendrer. Cette audace eſt ſi folle que j'ai peine à la comprendre.

Avouons que chaque animal rend témoignage au ſuprème fabricateur.

La plus petite herbe ſuſit pour confondre l'intelligence humaine ; & cela eſt ſi vrai qu'il eſt impoſſible aux éforts de tous les hommes réunis de produire un brin de paille ſi le germe n'eſt pas dans la terre. Et il ne faut pas dire que les germes pouriſſent pour produire ; car ces bètiſes ne ſe diſent plus.

L'aſſemblée ſentit la vérité de ces preuves plus vivement que tout le reſte, parce qu'elles étaient plus palpables. Birton diſait entre ſes dents, faudra-t-il ſe ſoumettre à reconnaître un Dieu ? Nous verrons cela : pardieu, c'eſt une afaire à examiner. Jenni rêvait toujours profondément & était touché ; & notre Freind acheva ſa phraſe.

Non, mes amis, nous ne feſons rien, nous ne pouvons rien faire ; il nous eſt donné d'arranger, d'unir, de déſunir, de nombrer, de peſer, de meſurer, mais faire ! quel mot ! il n'y a que l'ètre néceſſaire, l'ètre exiſtant éternellement par lui-même qui faſſe ; voilà pourquoi les charlatans qui travaillent à la pierre philoſophale ſont de ſi grands imbécilles ou de ſi grands fripons. Ils ſe vantent de créer de l'or, & ils ne pouraient pas créer de la crotte.

Avouons donc, mes amis, qu'il eſt un Ètre

fuprême, néceffaire, incompréhenfible qui nous a faits.

BIRTON.

Et où eft-il cet Etre ? s'il y en a un, pourquoi fe cache-t-il ? Quelqu'un l'a-t-il jamais vu ? doit-on fe cacher quand on a fait du bien ?

FREIND.

Avez-vous jamais vu *Chriftophe Ren* qui a bâti St. Paul de Londres ? Cependant il eft démontré que cet édifice eft l'ouvrage d'un architecte très-habile.

BIRTON.

Tout le monde conçoit aifément que *Ren* a bâti avec beaucoup d'argent ce vafte édifice, où *Burgefs* nous endort quand il prèche. Nous favons bien pourquoi & comment nos pères ont élevé ce bâtiment. Mais pourquoi & comment un Dieu aurait-il créé de rien cet univers ? Vous favez l'ancienne maxime de toute l'antiquité; *rien ne peut rien créer, rien ne retourne à rien.* C'eft une vérité dont perfonne n'a jamais douté. Votre bible même dit expreffément que votre Dieu fit le ciel & la terre, quoique le ciel, c'eft-à-dire, l'affemblage de tous les aftres foit beaucoup plus fupérieur à la terre que cette terre ne l'eft au plus petit des grains de fable, mais votre bible n'a jamais dit que Dieu fit le ciel & la terre avec rien du tout : elle ne prétend point que le Seigneur ait fait la femme de rien. Il la pétrit fort singuliérement d'une côte qu'il arracha à son mari. Le chaos existait selon la bible même avant la terre. Donc la matière était aussi éternelle que votre Dieu.

Il s'éleva alors un petit murmure dans l'assemblée ; on disait, Birton *pourait bien avoir raison ; mais* Freind *répondit :*

Je vous ai, je pense, prouvé qu'il existe une intelligence suprême, une puissance éternelle à qui nous devons une vie passagère ; je ne vous ai point promis de vous expliquer le pourquoi & le comment. Dieu m'a donné assez de raison pour comprendre qu'il existe ; mais non pas assez pour savoir au juste si la matière lui a été éternellement soumise, ou s'il l'a fait naître dans le tems. Que vous importe l'éternité ou la création de la matière, pourvu que vous reconnaissiez un Dieu, un maître de la matière & de vous ? Vous me demandez où Dieu est ; je n'en sais rien, & je ne dois pas le savoir. Je sais qu'il est, & je sais qu'il est notre maître, qu'il fait tout, que nous devons tout atendre de sa bonté.

BIRTON.

De sa bonté ! vous vous moquez de moi.

Vous m'avez dit, fervez-vous de vos yeux.
Et moi je vous dis, fervez-vous des vôtres.
Jettez feulement un coup - d'œil fur la terre
entière, & jugez fi votre Dieu ferait bon.

*Monfieur Freind fentit bien que c'était là le fort
de la difpute, & que Birton lui préparait un
rude affaut; il s'aperçut que les auditeurs,
& furtout les Américains, avaient befoin de
prendre haleine pour écouter, & lui pour
parler. Il fe recommanda à Dieu; on alla
fe promener fur le tillac: on prit enfuite du
thé dans le yacht, & la difpute réglée re-
commença.*

CHAPITRE IX.

Sur l'athéifme.

BIRTON.

PArdieu, monfieur, vous n'aurez pas fi
beau jeu fur l'article de la bonté que vous
l'avez eu fur la puiffance & fur l'induftrie: je
vous parlerai d'abord des énormes défauts de
ce globe qui font précifément l'opofé de cette
induftrie tant vantée; enfuite je mettrai
fous vos yeux les crimes & les malheurs per-
pétuels des habitans, & vous jugerez de l'a-
fection paternelle que felon vous le maître a
pour eux.

Je

Je commence par vous dire que les gens de Glocefter-shire mon pays, quand ils ont fait naître des chevaux dans leurs haras, les élevent dans de beaux pâturages, leur donnent enfuite une bonne écurie & de l'avoine & de la paille à foifon. Mais s'il vous plaît, quelle nouriture & quel abri avaient tous ces pauvres Américains du Nord quand nous les avons découverts après tant de fiècles? Il falait qu'ils couruffent trente & quarante milles pour avoir de quoi manger. Toute la côte boréale de notre ancien monde languit à-peuprès fous la même néceffité, & depuis la Laponie fuédoife jufqu'aux mers feptentrionales du Japon, cent peuples traînent leur vie auffi courte qu'infuportable dans une difette afreufe au milieu de leurs neiges éternelles.

Les plus beaux climats font expofés fans ceffe à des fléaux deftructeurs. Nous y marchons fur des précipices enflammés recouverts de terrains fertiles qui font des pièges de mort. Il n'y a point d'autres enfers fans doute; & ces enfers fe font ouverts mille fois fous nos pas.

On nous parle d'un déluge univerfel phyfiquement impoffible, & dont tous les gens fenfés rient. Mais du moins on nous confole en nous difant qu'il n'a duré que dix mois: il devait éteindre ces feux, qui depuis ont détruit tant de villes floriffantes. Votre *St. Auguftin* nous aprend qu'il y eut cent villes entières d'embrafées & d'abymées en Lybie par un feul tremblement de terre; ces volcans ont

E

bouleverſé toute la belle Italie. Pour comble
de maux, les triſtes habitans de la zone glaciale
ne ſont pas exempts de ces gouſres ſouter-
rains ; les Iſlandais toujours menacés voyent
la faim devant eux, cent pieds de glace & cent
pieds de flamme à droite & à gauche ſur leur
mont Hécla : car tous les grands volcans ſont
placés ſur ces montagnes hideuſes.

On a beau nous dire que ces montagnes de
deux milles toiſes de hauteur ne ſont rien par
raport à la terre, qui a trois mille lieues de
diamètre; que c'eſt un grain de la peau d'une
orange ſur la rondeur de ce fruit, que ce n'eſt
pas un pied ſur trois mille. Hélas! qui ſom-
mes-nous donc? ſi les hautes montagnes ne
ſont ſur la terre que la figure d'un pied ſur
trois mille pieds, & de quatre pouces ſur
neuf mille pieds. Nous ſommes donc des animaux abſolument imperceptibles; & cependant nous ſommes écraſés par tout ce qui
nous environne, quoique notre infinie pe-
titeſſe ſi voiſine du néant ſemblât devoir nous
mettre à l'abri de tous les accidens. Après
cette innombrable quantité de villes détruites, rebâties & détruites encore comme des
fourmilières, que dirons-nous de ces miers de
ſables qui traverſent le milieu de l'Afrique,
& dont les vagues brûlantes, amoncélées par
les vents, ont englouti des armées entières?
A quoi ſervent ces vaſtes déſerts à côté de la
belle Syrie! déſerts ſi afreux, ſi inhabitables,
que ces animaux féroces, apellés Juifs, ſe
crurent dans le paradis terreſtre quand ils

paſſèrent de ces lieux d'horreur dans un coin
de terre dont on pouvait cultiver quelques
arpens.

Ce n'eſt pas encor aſſez que l'homme, cette
noble créature, ait été ſi mal logé, ſi mal vêtu,
ſi mal nouri pendant tant de ſiècles. Il naît
entre de l'urine & de la matière fécale pour
reſpirer deux jours; & pendant ces deux jours
compoſés d'eſpérances trompeuſes & de chagrins réels, ſon corps formé avec un art inutile eſt en proie à tous les maux qui réſultent
de cet art même : il vit entre la peſte & la
vérole; la ſource de ſon être eſt empoiſon-
née; il n'y a perſonne qui puiſſe mettre dans
ſa mémoire la liſte de toutes les maladies qui
nous pourſuivent ; & le médecin des urines
en Suiſſe prétend les guérir toutes?

*Pendant que Birton parlait ainſi, la compagnie
était toute attentive & toute émue; le bon
homme Parouba diſait, voyons comme notre
docteur ſe tirera de là. Jenni même laiſſa
échaper ces paroles à voix baſſe : ma foi, il a
raiſon, j'étais bien ſot de m'être laiſſé toucher
des diſcours de mon père. Monſieur Freind
laiſſa paſſer cette première bordée qui frapait
toutes les imaginations ; puis il dit :*

Un jeune théologien répondrait par des ſo-
phiſmes à ce torrent de triſtes vérités, & vous
citerait *St. Baſile* & *St. Cyrille* qui n'ont que
faire ici. Pour moi, meſſieurs, je vous avoue-
rai ſans détour qu'il y a beaucoup de mal phy-

ſique ſur la terre; je n'en diminue pas l'exiſ-
tence; mais Mr. *Birton* l'a trop exagérée. Je
m'en raporte à vous, mon cher *Parouba*; votre climat eſt fait pour vous, & il n'eſt pas ſi
mauvais, puiſque ni vous, ni vôs compatriotes n'avez jamais voulu le quiter. Les Eſqui-
maux, les Iſlandais, les Lappons, les Oſtia-
kes, les Samoyèdes n'ont jamais voulu ſortir
du leur. Les rangiféres, ou rennes, que Dieu
leur a donnés pour les nourir, les vêtir, &
les traîner, meurent quand on les tranſporte
dans une aútre zone. Les Lappons même
auſſi meurent dans les climats un peu méri-
dionaux; le ſud de la Sibérie eſt trop chaud
pour eux: ils ſe trouveraient brulés dans le
parage où nous ſommes.

Il eſt clair que Dieu a fait chaque eſpèce
d'animaux & de végétaux pour la place dans
laquelle ils ſe perpétuent. Les nègres, cette
eſpèce d'hommes ſi diférente de la nôtre,
ſont tellement nés pour leur patrie, que des
milliers de ces animaux noirs ſe ſont donnés
la mort quand notre barbare avarice les a
tranſportés ailleurs. Le chameau & l'autruche
vivent commodément dans les ſables de l'A-
frique; le taureau & ſes compagnes bondiſſent
dans les pays gras où l'herbe ſe renouvelle
continuellement pour leur nouriture; la ca-
nelle & le girofle ne croiſſent qu'aux Indes;
le froment n'eſt bon que dans le peu de pays
où Dieu le fait croître. On a d'autres nouri-
tures dans toute votre Amérique depuis la Ca-
lifornie juſqu'au détroit de Lemaire; nous

ne pouvons cultiver la vigne dans notre fertile Angleterre, non plus qu'en Suède & en Canada. Voilà pourquoi ceux qui fondent dans quelques pays l'effence de leurs rites religieux fur du pain & fur du vin n'ont confulté que leur climat; ils font très bien, eux, de remercier Dieu de l'aliment & de la boiffon qu'ils tiennent de fa bonté; & vous ferez très bien, vous Américains, de lui rendre grace de votre maïs, de votre manioc & de votre caffave. Dieu dans toute la terre a proportionné les organes & les facultés des animaux, depuis l'homme jufqu'au limaçon, aux lieux où il leur a donné la vie : n'accufons donc pas toujours la Providence quand nous lui devons fouvent des actions de graces.

Venons aux fléaux, aux inondations, aux volcans, aux tremblemens de terre. Si vous ne confidérez que ces calamités, fi vous ne ramaffez qu'un affemblage afreux de tous les accidens qui ont attaqué quelques roues de la machine de cet univers, Dieu eft un tyran à vos yeux ; fi vous faites attention à fes innombrables bienfaits, Dieu eft un père. Vous me citez *St. Auguftin* le rhéteur, qui dans fon livre des miracles parle de cent villes englouties à la fois en Lybie ; mais fongez que cet Africain, qui paffa fa vie à fe contredire, prodiguait dans fes écrits la figure de l'exagération : il traitait les tremblemens de terre comme la grace éficace & la damnation éternelle de tous les petits enfans morts fans batême : n'a-t-il pas dit, dans fon trente-feptième fermon, avoir vu en Ethiopie des races d'hommes pourvues d'un grand œil au milieu du front comme les Cyclopes , & des peuples entiers sans tète ?

Nous qui ne sommes pas pères de l'église, nous ne devons aller ni au-delà, ni en-deçà de la vérité : cette vérité est que sur cent mille habitations on en peut compter tout-au-plus une détruite chaque siècle par les feux nécessaires à la formation de ce globe.

Le feu est tellement nécessaire à l'univers entier que sans lui il n'y aurait sur la terre ni animaux, ni végétaux, ni minéraux; il n'y aurait ni soleil, ni étoiles dans l'espace. Ce feu, répandu sous la premiere écorce de la terre, obéit aux loix générales établies par Dieu même : il est impossible qu'il n'en résulte quelques désastres particuliers. Or on ne peut pas dire qu'un artisan soit un mauvais ouvrier quand une machine immense, formée par lui seul, subsiste depuis tant de siècles sans se déranger. Si un homme avait inventé une machine hydraulique, qui arosât toute une province & la rendit fertile, lui reprocheriez-vous que l'eau qu'il vous donnerait noyât quelques insectes?

Je vous ai prouvé que la machine du monde est l'ouvrage d'un être souverainement intelligent & puissant: vous qui êtes intelligens, vous devez l'admirer : vous qui êtes comblés de ses bienfaits, vous devez l'aimer.

Mais les malheureux, dites-vous, condamnés à souffrir toute leur vie, accablés de maladies incurables, peuvent-ils l'admirer & l'aimer ? Je vous dirai, mes amis, que ces maladies si cruelles viennent presque toutes de notre faute, ou de celles de nos peres qui ont abusé de leur corps, & non de la faute du grand fabricateur. On ne connaissait guères de maladies que celle de la décrépitude dans toute l'Amérique septentrionale, avant que nous vous y eussions aporté cette eau de mort que nous apellons eau-de-vie, & qui donne mille maux divers à quiconque en a trop bu. La contagion secrette des Caraïbes, que vous autres jeunes gens vous apellez *Pox*, n'était qu'une indisposition légère dont nous ignorons la source, & qu'on guérissait en deux jours, soit avec du gayac, soit avec du bouillon de tortue ; l'incontinence des Européans transplanta dans le reste du monde cette incommodité, qui prit parmi nous un caractère si funeste, & qui est devenue un fléau si abominable. Nous lisons que le pape *Jules II*, le pape *Léon X*, un archevêque de Mayence nommé *Henneberg*, le roi de France *François premier* en moururent.

La petite vérole, née dans l'Arabie heureuse, n'était qu'une faible éruption, une ébulition passagère sans danger, une simple dépuration du sang : elle est devenue mortelle en Angleterre comme dans tant d'autres climats ; notre avarice l'a portée dans ce nouveau monde, elle l'a dépeuplé.

Souvenons-nous que dans le poëme de *Milton*, ce benet d'*Adam* demande à l'ange

E 4

Gabriel s'il vivra longtems. Oui, lui répond
l'ange, fi tu obferves la grande règle, rien de
trop. Obfervez tous cette règle, mes amis;
oferiez-vous exiger que Dieu vous fit vivre
fans douleur des fiècles entiers pour prix de
vôtre gourmandife, de votre ivrognerie, de
votre incontinence, de votre abandonnement
à d'infames paffions qui corrompent le fang,
& qui abrègent néceffairement la vie?

*J'aprouvai cette réponfe; Parouba en fut affez
content; mais Birton ne fut pas ébranlé; &
je remarquai dans les yeux de Jenni qu'il
était encor très indécis. Birton repliqua en
ces termes :*

Puifque vous vous êtes fervi de lieux com-
muns mêlés avec quelques réflexions nouvelles, j'emploirai auffi un lieu commun auquel on n'a jamais pu répondre que par des
fables & du verbiage. S'il exiftait un Dieu fi
puiffant, fi bon, il n'aurait pas mis le mal fur
la terre; il n'aurait pas dévoué fes créatures à
la douleur & au crime. S'il n'a pu empêcher
le mal, il eft impuiffant; s'il l'a pu & ne l'a
pas voulu, il eft barbare. Nous n'avons des
annales que d'environ huit mille années con-
fervées chez les bracmanes, nous n'en avons
que d'environ cinq mille ans chez les Chi-
nois; nous ne connaiffons rien que d'hier;
mais dans cet hier tout eft horreur. On s'eft
égorgé d'un bout de la terre à l'autre, & on
a été affez imbécile pour donner le nom de

grands-hommes, de héros, de demi-dieux, de dieux mêmes à ceux qui ont fait aſſaſſiner le plus grand nombre des hommes leurs ſemblables.

Il reſtait dans l'Amérique deux grandes nations civiliſées qui commençaient à jouir des douceurs de la paix : les Eſpagnols arrivent & en maſſacrent douze millions ; ils vont à la chaſſe aux hommes avec des chiens ; & *Ferdinand* roi de Caſtille aſſigne une penſion à ces chiens pour l'avoir ſi bien ſervi. Les héros vainqueurs du nouveau monde, qui maſſacrent tant d'innocens déſarmés & nuds, font ſervir ſur leur table des gigots d'hommes & de femmes, des feſſes, des avant-bras, des mollets en ragoûts ; ils font rôtir ſur des braſiers le roi *Gatimozin* au Mexique ; ils courent au Pérou convertir le roi *Atabalipa* : un nommé *Almagro* prêtre, fils de prêtre, condamné à être pendu en Eſpagne pour avoir été voleur de grand chemin, vient avec un nommé *Pizarro* ſignifier au roi par la voix d'un autre prêtre, qu'un troiſième prêtre nommé *Alexandre VI*, ſouillé d'inceſtes, d'aſſaſſinats & d'homicides, a donné de ſon plein gré, *proprio motu*, & de ſa pleine puiſſance, non ſeulement le Pérou, mais la moitié du nouveau monde au roi d'Eſpagne : qu'*Atabalipa* doit ſur le champ ſe ſoumettre, ſous peine d'encourir l'indignation des apôtres *St. Pierre & St. Paul.* Et comme ce roi n'entendait pas la langue latine plus que le prêtre qui liſait la bulle, il fut déclaré ſur le champ incrédule & héréti-

que : on fit brûler *Atabalipa* comme on avait
brûlé *Gatimozin* : on maffacra fa nation , &
tout cela pour ravir de la boue jaune endur-
cie, qui n'a fervi qu'à dépeupler l'Efpagne &
à l'apauvrir ; car elle lui a fait négliger la véritable boue qui nourit les hommes quand
elle eft cultivée.

Ça , mon cher monfieur *Freind* , fi l'ètre
fantaftique & ridicule qu'on apelle le diable
avait voulu faire des hommes à fon image,
les aurait-il formés autrement ? ceffez donc
d'attribuer à Dieu un ouvrage fi abominable.

Cette tirade fit revenir toute l'affemblée au
fentiment de Birton. *Je voyais* Jenni *en*
triompher en fecret ; il n'y eut pas jufqu'à
la jeune Parouba *qui ne fût faifie d'hor-*
reur contre le prêtre Almagro , *contre le*
prêtre qui avait lu la bulle en latin, contre
le prêtre Alexandre VI , *contre tous les*
chrétiens qui avaient commis tant de cri-
mes inconcevables par dévotion & pour vo-
ler de l'or. J'avoue que je tremblai pour
l'ami Freind ; *je défefpérais de fa caufe.*
Voici pourtant comme il répondit fans s'é-
tonner :

Mes amis, fouvenez - vous toujours qu'il
exifte un Etre fuprême ; je vous l'ai prouvé, vous en êtes convenus ; & après avoir
été forcés d'avouer qu'il eft , vous vous

éforcez de lui chercher des imperfections,
des vices, des méchancetés.

Je fuis bien loin de vous dire, comme
certains raifonneurs, que les maux particuliers forment le bien général. Cette extravagance eft trop ridicule. Je conviens
avec douleur qu'il y a beaucoup de mal
moral & de mal phyfique; mais puifque l'é-
xiftence de Dieü eft certaine, il eft auffi très-
certain que tous ces maux ne peuvent empêcher que Dieu exifte. Il ne peut être
méchant; car quel intérêt aurait-il à l'être?
Il y a des maux horribles, mes amis. Eh
bien, n'en augmentons pas le nombre. Il eft
impoffible qu'un Dieu ne foit pas bon;
mais les hommes font pervers; ils font un
déteftable ufage de la liberté que ce grand
Etre leur a donnée & dut leur donner, c'eft-
à-dire, de la puiffance d'exécuter leurs volontés, fans quoi ils ne feraient que de
pures machines formées par un être méchant
pour être brifées par lui.

Tous les Efpagnols éclairés conviennent
qu'un petit nombre de leurs ancêtres abufa
de cette liberté jufqu'à commettre des crimes qui font frémir la nature. *Don Carlos*
fecond du nom (de qui monfieur l'archiduc
puiffe être le fucceffeur), a réparé autant qu'il
a pu les atrocités auxquelles les Efpagnols
s'abandonnèrent fous *Ferdinand* & fous
Charles-Quint.

Mes amis, fi le crime eft fur la terre,
la vertu y eft auffi.

BIRTON.

Ah! ah! ah! la vertu! voilà une plaifante idée; pardieu je voudrais bien favoir comment la vertu eſt faite, & où l'on peut la trouver?

A ces paroles je ne me contins pas ; j'interrompis Birton *à mon tour. Vous la trouverez chez monſieur* Freind, *lui dis-je, chez le bon* Parouba, *chez vous-même quand vous aurez nettoyé votre cœur des vices qui le couvrent; il rougit,* Jenni *auſſi : puis* Jenni *baiſſa les yeux, & parut ſentir des remords. Son père le regarda avec quelque compaſſion, & pourſuivit ainſi ſon diſcours.*

FREIND.

Oui, mes chers amis, il y eut toujours des vertus s'il y eut des crimes. Athènes vit des *Socrates* ſi elle vit des *Anitus.* Rome eut des *Catons* ſi elle eut des *Sylla.* *Caligula, Néron,* éfrayèrent la terre par leurs atrocités; mais *Titus, Trajan, Antonin le pieux, Marc-Aurèle,* la conſolèrent par leur bienfaiſance : mon ami *Sherloc* dira en peu de mots au bon *Parouba* ce qu'étaient les gens dont je parle. J'ai heureuſement mon *Epiɛtète* dans ma poche : cet *Epiɛtète* n'était qu'un eſclave, mais égal à *Marc-Aurèle* par ſes ſentimens. Ecoutez, & puiſſent tous ceux qui ſe mèlent d'enſeigner les hommes

écouter ce qu'*Epictète* se dit à lui - même !
*c'est Dieu qui m'a créé, je le porte dans moi;
oserais-je le deshonorer par des pensées infames, par des actions criminelles, par d'indignes désirs ?* Sa vie fut conforme à ses discours. *Marc-Aurèle*, sur le trône de l'Europe
& de deux autres parties de notre hémisphère, ne pensa pas autrement que l'esclave *Epictète*; l'un ne fut jamais humilié de sa bas-
sesse, l'autre ne fut jamais ébloui de sa grandeur; & quand ils écrivirent leurs pensées,
ce fut pour eux-mêmes & pour leurs disci-
ples, & non pour être loués dans des jour-
naux. Et à votre avis, *Locke*, *Newton*, *Til-
lotson*, *Pen*, *Clarke*, le bon homme qu'on
apelle *the man of Ross*, tant d'autres dans
notre isle, & hors de notre isle, que je
pourais vous citer, n'ont-ils pas été des mo-
dèles de vertu ?

Vous m'avez parlé, monsieur *Birton*, des
guerres aussi cruelles qu'injustes dont tant
de nations se sont rendues coupables; vous
avez peint les abominations des chrétiens
au Mexique & au Pérou, vous pouvez y
ajouter la St. Barthelemi de France & les
massacres d'Irlande; mais n'est-il pas des
peuples entiers qui ont toujours eu l'éfusion
de sang en horreur ? les bracmanes n'ont-
ils pas donné de tout tems cet exemple au
monde ? & sans sortir du pays où nous
sommes, n'avons-nous pas auprès de nous
la Pensilvanie, où nos philadelphiens, qu'on
défigure en vain par le nom de quakres, ont

toujours détesté la guerre ? n'avons-nous pas
la Caroline ou le grand *Locke* a dicté ses
loix ? dans ces deux patries de la vertu,
tous les citoyens font égaux, toutes les con-
ciences font libres, toutes les religions font
bonnes, pourvu qu'on adore un Dieu ; tous
les hommes y font frères. Vous avez vu,
monfieur *Birton*, comme au feul nom d'un
defcendant de *Pen* les habitans des montagnes bleues, qui pouvaient vous exterminer,
ont mis bas les armes. Ils ont fenti ce que c'eft
que la vertu ; & vous vous obftinez à l'igno-
rer ! Si la terre produit des poifons comme
des alimens falutaires, voudrez-vous ne vous
nourir que de poifons ?

B·I·R·T·O·N.

Ah ! monfieur, pourquoi tant de poifons !
fi Dieu a tout fait, ils font fon ouvrage ; il
eft le maître de tout ; il fait tout ; il dirige la
main de *Cromwell* qui figne la mort de *Charles
premier* ; il conduit le bras du boureau qui
lui tranche la tête ; non, je ne puis admettre
un Dieu homicide.

F·R·E·I·N·D.

Ni moi non plus. Ecoutez, je vous prie,
vous conviendrez avec moi que Dieu gou-
verne le monde par des loix générales. Selon
ces loix *Cromwell*, monftre de fanatifme &
d'hypocrifie, réfolut la mort de *Charles premier* pour fon intérêt que tous les hommes
aiment néceffairement, & qu'ils n'entendent

pas tous également. Selon les loix du mouvement établies par Dieu même, le boureau coupa la tête de ce roi. Mais certainement Dieu n'assassina pas *Charles premier* par un acte particulier de sa volonté. Dieu ne fut ni *Cromwell*, ni *Jeffris*, ni *Ravaillac*, ni *Balthazar Gerard*, ni le frère prêcheur *Jaques Clément*. Dieu ne commet, ni n'ordonne, ni ne permet le crime; mais il a fait l'homme, & il a fait les loix du mouvement; ces loix éternelles du mouvement sont également exécutées par la main de l'homme charitable qui la tend au pauvre, & par la main du scélérat qui égorge son frère. De même que Dieu n'éteignit point son soleil & n'engloutit point l'Espagne sous la mer, pour punir *Cortez*, *Almagro* & *Pizarro*, qui avaient inondé de sang humain la moitié d'un hémisphère; de même aussi il n'envoye point une troupe d'anges à Londres, & ne fait point descendre du ciel cent mille tonneaux de vin de Bourgogne pour faire plaisir à ses chers Anglais quand ils ont fait une bonne action. Sa providence générale serait ridicule si elle descendait dans chaque moment à chaque individu; & cette vérité est si palpable que jamais Dieu ne punit sur le champ un criminel par un coup éclatant de sa toute-puissance: il laisse luire son soleil sur les bons & sur les méchans. Si quelques scélérats sont morts immédiatement après leurs crimes, ils sont morts par les loix générales qui président au monde. J'ai lu dans le gros livre d'un

Frenchman nommé *Mézeray*, que Dieu avait
fait mourir notre grand *Henri cinq* de la fiftule à l'anus, parce qu'il avait ofé s'affeoir fur
le trône du roi très chrétien; non, il mourut parce que les loix générales émanées de
la toute-puiffance avaient tellement arangé
la matière, que la fiftule à l'anus devait ter-
miner la vie de ce héros. Tout le phyfique
d'une mauvaife action eft l'éfet des loix générales imprimées par la main de Dieu à la
matière. Tout le mal moral de l'action cri-
minelle eft l'éfet de la liberté dont l'homme
abufe.

Enfin fans nous plonger dans les brouil-
lards de la métaphyfique, fouvenons-nous
que l'exiftence de Dieu eft démontrée; il n'y
a plus à difputer fur fon exiftence. Otez Dieu
au monde : l'affaffinat de *Charles premier* en
devient-il plus légitime? Son boureau vous
en fera-t-il plus cher? Dieu exifte : il fufit.
S'il exifte, il eft jufte. Soyez donc juftes.

BIRTON.

Votre petit argument fur le concours de
Dieu a de la fineffe & de la force, quoiqu'il
ne difculpe pas Dieu entiérement d'être l'auteur du mal phyfique & du mal moral. Je vois
que la manière dont vous excufez Dieu fait
quelque impreffion fur l'affemblée. Mais ne
pouvait-il pas faire enforte que fes loix générales n'entraînaffent pas tant de malheurs particuliers? Vous m'avez prouvé un Etre éternel

nel & puiſſant; & Dieu me pardonne., j'ai
craint un moment que vous ne me fiſſiez
croire en Dieu. Mais j'ai de terribles objec-
tions à vous faire : allons, *Jenni*, prenons
courage; ne nous laiſſons point abatre.

CHAPITRE X.

Sur l'athéiſme.

LA nuit était venue, elle était belle, l'at-
moſphère était une voute d'azur tranſparent
ſemée d'étoiles d'or, ce ſpectacle touche toujours les hommes, & leur inſpire une douce
rêverie : le bon *Parouba* admirait le ciel
comme un Allemand admire St. Pierre de
Rome ou l'opéra de Naples quand il le voit
pour la première fois. Cette voute eſt bien
hardie, diſait *Parouba* à *Freind*, & *Freind* lui
diſait, mon cher *Parouba*, il n'y a point de
voute ; ce ceintre bleu n'eſt autre choſe qu'une
étendue de nuages légers que Dieu a tellement diſpoſés & combinés avec la méchani-
que de vos yeux, qu'en quelqu'endroit que
vous ſoyez vous êtes toujours au centre de
votre promenade, & vous voyez ce qu'on
nomme le ciel & qui n'eſt point le ciel,
arondi ſur votre tête.

Et ces étoiles, monſieur *Freind*? Ce ſont,
comme je vous l'ai déja dit, autant de ſoleils
autour deſquels tournent d'autres mondes

F

loin d'être atachées à cette voute bleue, fou-
venez-vous qu'elles en font à des diftances
diférentes & prodigieufes : cette étoile que
vous voyez eft à douze cent millions de mille
pas de notre foleil. Alors il lui montra le té-
lefcope qu'il avait aporté : il lui fit voir nos
planètes, *Jupiter* avec fes quatre lunes, *Sa-*
turne avec fes cinq lunes & fon inconcevable
anneau lumineux ; c'eft la même lumière, lui
difait-il, qui part de tous ces globes, & qui
arive à nos yeux, de cette planète-ci en un
quart d'heure, de cette étoile-ci en fix mois.
Paróuba fe mit à genoux & dit, les cieux an-
noncent Dieu. Tout l'équipage était autour
du vénérable *Freïnd*, regardait & admirait.
Le coriace *Birton* avança fans rien regarder,
& parla ainfi.

B I R T O N.

Eh bien foit, il y a un Dieu, je vous l'a-
corde ; mais qu'importe à vous & à moi ?
qu'y a-t-il entre l'être infini & nous autres
vers de terre ? quel raport peut-il exifter de
fon effence à la nôtre ? *Epicure*, en admettant
des dieux dans les planètes, avait bien raifon
d'enfeigner qu'ils ne fe mêlaient nullement
de nos fotifes & de nos horreurs ; que nous
ne pouvions ni les ofenfer, ni leur plaire ;
qu'ils n'avaient nul befoin de nous, ni nous
d'eux. Vous admettez un Dieu plus digne de
l'efprit humain que les dieux d'*Epicure*, & que
tous ceux des Orientaux & des Occidentaux.

Mais si vous disiez comme tant d'autres, que ce Dieu a formé le monde & nous pour sa gloire; qu'il exigea autrefois des sacrifices de bœufs pour sa gloire; qu'il aparut pour sa gloire sous notre forme de bipedes &c., vous diriez, ce me semble, une chose absurde, qui ferait rire tous les gens qui pensent. L'amour de la gloire n'est autre chose que de l'orgüeil; & l'orgüeil n'est que de la vanité: un orgüeilleux est un fat que *Shakespéar* jouait sur son théatre: cette épithete ne peut pas plus convenir à Dieu que celle d'injuste, de cruel, d'inconstant. Si Dieu a daigné faire, ou plutôt aranger l'univers, ce ne doit être que dans la vue d'y faire des heureux. Je vous laisse à penser s'il est venu à bout de ce dessein, le seul pourtant qui pût convenir à la nature divine.

FREIND.

Oui, sans doute, il y a réussi avec toutes les ames honnêtes; elles feront heureuses un jour; si elles ne le font pas aujourd'hui.

BIRTON.

Heureuses! quel rêve! quel conte de peau d'âne! où, quand, comment? qui vous l'a dit?

FREIND.

Sa justice.

BIRTON.

N'allez-vous pas me dire après tant de dé-
clamateurs que nous vivrons éternellement
quand nous ne ferons plus, que nous poffé-
dons une ame immortelle, ou plutôt qu'elle
nous poffède, après nous avoir avoué que les
Juifs eux-mêmes, les Juifs auxquels vous
vous vantez d'avoir été fubrogés, n'ont jamais
foupçonné feulement cette immortalité de
l'ame jufqu'au tems d'*Hérode*. Cette idée
d'une ame immortelle avait été inventée par
les bracmanes, adoptée par les Perfes, les
Caldéens, les Grecs, ignorée très longtems
de la malheureufe petite horde judaïque,
mère des plus infames fuperftitions. Hélas,
monfieur, favons-nous feulement fi nous
avons une ame ! favons-nous fi les animaux
dont le fang fait la vie, comme il fait la nôtre,
qui ont comme nous des volontés, des apétits, des paffions, des idées, de la mémoire,
de l'induftrie ; favez-vous, dis-je, fi ces êtres
auffi incompréhenfibles que nous ont une
ame, comme on prétend que nous en avons
une ?

J'avais cru jufqu'à préfent qu'il eft dans la
nature une force active dont nous tenons le
don de vivre dans tout notre corps, de marcher
par nos pieds, de prendre par nos mains, de
voir par nos yeux, d'entendre par nos oreilles, de fentir par nos nerfs, de penfer par notre tête, & que tout cela était ce que nous
apellons l'ame ; mot vague qui ne fignifie au

fond que le principe inconnu de nos facultés. J'apellerai Dieu avec vous ce principe intelligent & puiffant qui anime la nature entière; mais a-t-il daigné fe faire connaître à nous?

FREIND.

Oui, par fes œuvres.

BIRTON.

Nous a-t-il dicté fes loix, nous a-t-il parlé?

FREIND.

Oui, par la voix de votre confcience. N'eft-il pas vrai que fi vous aviez tué votre père & votre mère, votre confcience vous déchirerait par des remords auffi afreux qu'involontaires? cette vérité n'eft-elle pas fentie & avouée par l'univers entiers? Defcendons maintenant à de moindres crimes. Y en a-t-il un feul qui ne vous éfraye au premier coup d'œil, qui ne vous faffe pâlir la premier fois que vous le commettez, & qui ne laiffe dans votre cœur l'aiguillon du repentir?

BIRTON.

Il faut que je l'avoue.

FREIND.

Dieu vous a donc expreffément ordonné
F 3

en parlant à votre cœur de ne vous fouiller jamais d'un crime évident. Et quant à toutes ces actions équivoques que les uns condamnent & que les autres justifient, qu'avons-nous de mieux à faire que de suivre cette grande loi du premier des *Zoroastres* tant remarquée de nos jours par un auteur français : *quand tu ne sais si l'action que tu médites est bonne ou mauvaise, abstien-toi ?*

BIRTON.

Cette maxime est admirable ; c'est sans doute ce qu'on a jamais dit de plus beau, c'est-à-dire, de plus utile en morale ; & cela me ferait presque penser que Dieu a suscité de tems en tems des sages qui ont enseigné la vertu aux hommes égarés. Je vous demande pardon d'avoir raillé de la vertu.

FREIND.

Demandez-en pardon à l'Être éternel, qui peut la récompenser éternellement, & punir les transgresseurs.

BIRTON.

Quoi ! Dieu me punirait éternellement de m'être livré à des passions qu'il m'a données ?

FREIND.

Il vous a donné des paſſions avec leſquelles on peut faire du bien & du mal. Je ne vous dis pas qu'il vous punira à jamais, ni comment il vous punira, car perſonne n'en peut rien ſavoir; je vous dis qu'il le peut. Les bracmanes furent les premiers qui imaginèrent une priſon éternelle pour les ſubſtances céleſtes qui s'étaient révoltées contre Dieu dans ſon propre palais; il les enferma dans une eſpèce d'enfer qu'ils apellaient *ondéra*; mais au bout de quelques milliers de ſiècles il adoucit leurs peines, les mit ſur la terre & les fit hommes; c'eſt de-là que vint notre mélange de vices & de vertus, de plaiſirs & de calamités. Cette imagination eſt ingénieuſe: la fable de *Pandore* & de *Prométhée* l'eſt encor davantage. Des nations groſſières ont imité groſſièrement la belle fable de *Pandore*; ces inventions ſont des rêves de la philoſophie orientale; tout ce que je puis vous dire, c'eſt que ſi vous avez commis des crimes en abuſant de votre liberté, il vous eſt impoſſible de prouver que Dieu ſoit incapable de vous en punir: je vous en défie.

BIRTON.

Atendez, vous penſez que je ne peux pas vous démontrer qu'il eſt impoſſible au grand Etre de me punir: par ma foi, vous avez raiſon; j'ai fait ce que j'ai pu pour me prou-

F 4

ver que cela était impoſſible, & je n'en ſuis jamais venu à bout. J'avoue que j'ai abuſé de ma liberté, & que Dieu peut m'en châtier; mais pardieu je ne ſerai pas puni quand je ne ſerai plus.

FREIND.

Le meilleur parti que vous ayez à prendre eſt d'ètre honnête homme tandis que vous exiſtez.

BIRTON.

D'ètre honnête homme pendant que j'exiſte?... oui, je l'avoue; oui, vous avez raiſon, c'eſt le parti qu'il faut prendre.

Je voudrais, mon cher ami, que vous euſſiez été témoin de l'éfet que firent les diſcours de Freind ſur tous les Anglais & ſur tous les Américains. Birton, ſi évaporé & ſi audacieux, prit tout-à-coup un air recueilli & modeſte; Jenni, les yeux mouillés de larmes, ſe jeta aux genoux de ſon père, & ſon père l'embraſſa: voici enfin la dernière ſcène de cette diſpute ſi épineuſe & ſi intéreſſante.

CHAPITRE XI.

De l'athéisme.

B I R T O N.

JE conçois bien que le grand Etre, le maître de la nature est éternel : mais nous qui
n'étions pas hier, pouvons-nous avoir la folle
hardiesse de prétendre à une éternité future ?
Tout périt sans retour autour de nous, depuis l'insecte dévoré par l'hirondelle jusqu'à
l'éléphant mangé des vers.

F R E I N D.

Non, rien ne périt ; tout change ; les
germes impalpables des animaux & des végétaux subsistent, se dévelopent, & perpétuent
les espèces. Pourquoi ne voudriez-vous pas
que Dieu conservât le principe qui vous fait
agir & penser, de quelque nature qu'il puisse
être ? Dieu me garde de faire un système ;
mais certainement il y a dans nous quelque
chose qui pense & qui veut : ce quelque chose
que l'on apellait autrefois une monade, ce
quelque chose est imperceptible. Dieu nous
l'a donnée, ou peut-être pour parler plus
juste, Dieu nous a donnés à elle. Etes-vous
bien sûr qu'il ne peut la conserver ? songez,

examinez, pouvez-vous m'en fournir quelque démonstration?

BIRTON.

Non, j'en ai cherché dans mon entende-
ment, dans tous les livres des athées, & furtout dans le troifième chant de *Lucrèce*; j'a-
voue que je n'ai jamais trouvé que des vraifemblances.

FREIND.

Et fur ces fimples vraifemblances nous
nous abandonnerions à toutes nos paffions
funeftes? nous vivrions en brutes! n'ayant
pour règle que nos apétits, & pour frein que
la crainte des autres hommes rendus éternellement ennemis les uns des autres par cette
crainte mutuelle; car on veut toujours détruire ce qu'on craint : penfez-y bien, monfieur *Birton*, réfléchiffez-y férieufement mon
fils *Jenni*; n'atendre de Dieu ni châtiment
ni récompenfe, c'eft être véritablement athée.
À quoi fervirait l'idée d'un Dieu qui n'aurait
fur vous aucun pouvoir; c'eft comme fi on
difait, il y a un roi de la Chine qui eft très
puiffant. Je réponds, grand bien lui faffe,
qu'il refte dans fon manoir, & moi dans le
mien : je ne me foucie pas plus de lui qu'il
ne fe foucie de moi; il n'a pas plus de jurif-
diction fur ma perfonne qu'un chanoine de
Windfor n'en a fur un membre de notre

parlement: alors je fuis mon Dieu à moi-
même: je facrifie le monde entier à mes fan-
taifies, fi j'en trouve l'ocafion; je fuis fans
loi, je ne regarde que moi. Si les autres êtres
font moutons, je me fais loup; s'ils font pou-
les, je me fais renard.

Je fupofe (ce qu'à Dieu ne plaife) que
toute notre Angleterre foit athée par principes; je conviens qu'il poura fe trouver plufieurs citoyens, qui nés tranquiles & doux,
affez riches pour n'avoir pas befoin d'être in-
juftes, gouvernés par l'honneur, & par conféquent atentifs à leur conduite, pouront
vivre enfemble en fociété: ils cultiveront les
beaux arts par qui les mœurs s'adouciffent:
ils pouront vivre dans la paix, dans l'innocente gaieté des honnêtes gens: mais l'athée
pauvre & violent, fûr de l'impunité, fera un
fot s'il ne vous affaffine pas pour voler votre
argent. Dès lors tous les liens de la fociété
font rompus, tous les crimes fecrets inondent
la terre, comme les fauterelles à peine d'a-
bord aperçues viennent ravager les campagnes: le bas peuple ne fera qu'une horde de
brigands, comme nos voleurs dont on ne
pend pas la dixième partie à nos feffions; ils
paffent leurs miférables vies dans des tavernes
avec des filles perdues; ils les battent, ils fe
battent entr'eux; ils tombent yvres au milieu
de leurs pintes de plomb dont ils fe font caf-
fés la tête; ils fe réveillent pour voler & pour
affaffiner; ils recommencent chaque jour ce
cercle abominable de brutalités.

Qui retiendra les grands & les rois dans leurs vengeances, dans leur ambition, à laquelle ils veulent tout immoler? Un roi athée est plus dangereux qu'un *Ravaillac* fanatique.

Les athées fourmillaient en Italie au quinzième siècle; qu'en ariva-t-il? il fut aussi commun d'empoisonner que de donner à souper, & d'enfoncer un stilet dans le cœur de son ami que de l'embrasser; il y eut des professeurs du crime comme il y a aujourd'hui des maîtres de musique & de mathématique. On choisissait exprès les temples pour y assassiner les princes aux pieds des autels. Le pape *Sixte IV* & un archevêque de Florence firent assassiner ainsi les deux princes les plus accomplis de l'Europe. (Mon cher *Sherloc*, dites, je vous prie, à *Parouba* & à ses enfans, ce que c'est qu'un pape & un archevêque, & dites leur surtout qu'il n'est plus de pareils monstres). Mais continuons. Un duc de Milan fut assassiné de même au milieu d'une église. On ne connait que trop les étonnantes horreurs d'*Alexandre VI*. Si de telles mœurs avaient subsisté, l'Italie aurait été plus déserte que ne l'a été le Pérou après son invasion.

La croyance d'un Dieu rémunérateur des bonnes actions, punisseur des méchantes, pardonneur des fautes légères, est donc la croyance la plus utile au genre humain; c'est le seul frein des hommes puissans qui commettent insolemment les crimes publics; c'est le seul frein des hommes qui commettent adroitement les crimes fecrets. Je ne vous dis pas, mes amis, de mêler à cette croyance néceffaire des fuperftitions qui la deshonore-raient, & qui même pouraient la rendre fu-nefte: l'athée eft un monftre qui ne dévorera que pour apaifer fa faim ; le fuperftitieux eft un autre monftre qui déchirera les hommes par devoir. J'ai toujours remarqué qu'on peut guérir un athée ; mais on ne guérit ja-mais le fuperftitieux radicalement: l'athée eft un homme d'efprit qui fe trompe, mais qui penfe par lui-même ; le fuperftitieux eft un fot brutal qui n'a jamais eu que les idées des autres. L'athée violera *Iphigénie* prête d'épou-fer *Achille* ; mais le fanatique l'égorgera pieu-fement fur l'autel, & croira que *Jupiter* lui en aura beaucoup d'obligation ; l'athée déro-bera un vafe d'or dans une églife pour donner à fouper à des filles de joie ; mais le fanatique célébrera un auto-da-fé dans cette églife, & chantera un cantique juif à plein gofier en faifant brûler des Juifs. Oui, mes amis, l'a-théifme & le fanatifme font les deux poles d'un univers de confufion & d'horreur. La petite zone de la vertu eft entre ces deux po-les; marchez d'un pas ferme dans ce fentier, croyez un Dieu bon, & foyez bons. C'eft tout ce que les grands légiflateurs *Locke* & *Pen* demandent à leurs peuples.

Répondez-moi, monfieur *Birton*, vous & vos amis. Quel mal peut vous faire l'adora-tion d'un Dieu jointe au bonheur d'être hon-nête homme ? Nous pouvons tous être ataqués d'une maladie mortelle au moment où je vous parle : qui de nous alors ne voudrait pas avoir vécu dans l'innocence ? Voyez comme notre méchant *Richard. III* meurt dans *Shakespear*; comme les spectres de tous ceux qu'il a tués viennent épouvanter son imagination. Voyez comme expire *Charles neuf* de France après sa St. Barthelémi. Son chapelain a beau lui dire qu'il a bien fait; son crime le déchire; son sang jaillit par ses pores; & tout le sang qu'il fit couler crie contre lui. Soyez sûr que de tous ces monstres il n'en est aucun qui n'ait vécu dans les tourmens du remords, & qui n'ait fini dans la rage du désespoir.

CHAPITRE XII.

Retour en Angleterre. Mariage de Jenni.

Birton & ses amis ne purent tenir davantage; ils se jetèrent aux genoux de *Freind.* Oui, dit *Birton*, je crois en Dieu & en vous.

On était déjà près de la maison de *Parouba*; on y soupa; mais *Jenni* ne put souper; il se tenait à l'écart, il fondait en larmes; son père alla le chercher pour le consoler. Ah ! lui dit *Jenni*, je ne méritais pas d'avoir un père tel que vous; je mourai de douleur d'avoir été séduit par cette abominable *Clive-Hart* : je suis la cause quoiqu'innocente de la mort de

Primerofe ; & tout à l'heure quand vous nous
avez parlé d'empoifonnement, un friffon m'a
faifi, j'ai cru voir *Clive-Hart* préfentant le
breuvage horrible à *Primerofe*. O ciel! ô Dieu!
comment ai-je pu avoir l'efprit affez aliéné
pour fuivre une créature fi coupable! mais
elle me trompa; j'étais aveugle; je ne fus dé-
trompé que peu de tems avant qu'elle fût prife
par les fauvages : elle me fit prefque l'aveu de
fon crime dans un mouvement de colère ; depuis ce moment je l'eus en horreur, & pour
mon fuplice, l'image de *Primerofe* eft fans
ceffe devant mes yeux; je la vois, je l'entends:
elle me dit, je fuis morte parce que je t'aimais.

Monfieur *Freind* fe mit à fourire, d'un fourire de bonté dont *Jenni* ne put comprendre
le motif; fon père lui dit, qu'une vie iré-
prochable pouvait feule réparer les fautes paf-
fées ; il le ramena à table comme un homme
qu'on vient de retirer des flots où il fe noyait;
je l'embraffai, je le flatai, je lui donnai du
courage ; nous étions tous atendris, nous
apareillâmes le lendemain pour retourner en
Angléterre, après avoir fait des préfens à
toute la famille de *Parouba* : nos adieux furent
mêlés de larmes fincères ; *Birton* & fes camarades, qui n'avaient jamais été qu'évaporés,
femblaient déja raifonnables.

Nous étions en pleine mer quand *Freind*
dit à *Jenni* en ma préfence: eh bien, mon
fils, le fouvenir de la belle, de la vertueufe &
tendre *Primerofe*, vous eft donc toujours cher!
Jenni fe défefpéra à ces paroles; les traits d'un

repentir inutile & éternel perçaient son cœur,
& je craignis qu'il ne se précipitât dans la mer.
Eh bien, lui dit *Freind*, consolez-vous, *Primerose* est vivante, & elle vous aime.

Freind en éfet en avait reçu des nouvelles
sûres de ce domestique afidé qui lui écrivait
par tous les vaisseaux qui partaient pour Mariland. Monsieur *Mead*, qui a depuis aquis
une si grande réputation pour la connaissance
de tous les poisons, avait été assez heureux
pour tirer *Primerose* des bras de la mort. Monsieur *Freind* fit voir à son fils cette lettre qu'il
avait relue tant de fois, & avec tant d'aten-
drissement.

Jenni passa en un moment de l'excès du
désespoir à celui de la félicité ; je ne vous
peindrai point les éfets de ce changement si
subit : plus j'en suis saisi, moins je puis les
exprimer ; ce fut le plus beau moment de la
vie de *Jenni*. *Birton* & ses camarades parta-
gèrent une joie si pure. Que vous dirai-je,
enfin ! L'excellent *Freind* leur a servi de père
à tous ; les noces du beau *Jenni* & de la belle
Primerose se sont faites chez le docteur *Mead* ;
nous avons marié aussi *Birton* qui était tout
changé. *Jenni* & lui sont aujourd'hui les plus
honnêtes gens de l'Angleterre. Vous conviendrez qu'un sage peut guérir des fous.

DIATRIBE

DIATRIBE

A L'AUTEUR

DES ÉPHÉMÉRIDES.

10 *Mai* 1775.

M O N S I E U R,

UNE petite société de cultivateurs dans le fond d'une province ignorée lit affidu- ment vos éphémérides & tâche d'en pro- fiter. L'auteur du fiège de Calais obtint de cette ville des lettres de bourgeoifie pour avoir voulu élever l'infortuné *Philippe de Valois* au deffus du grand *Edouard III* fon vainqueur. Il s'intitula toujours citoyen de Calais. Mais vous nous paraiffez par vos écrits le citoyen de l'univers.

Oui, monfieur, l'agriculture eft la bafe de tout, comme vous l'avez dit, quoi qu'elle ne faffe pas tout. C'eft elle qui eft la mère de tous les arts & de tous les biens ; c'eft ainfi que penfait le premier des *Catons* dans Rome, & le plus grand des *Scipions* à Linterne. Telle était avant eux l'opinion & la conduite de *Xénophon* chez les Grecs, après la retraite des dix mille.

Agricul- ture, fon- dement de tout.

G

Religion
doit beau-
coup à
l'agricul-
ture.

La religion même n'était fondée que sur l'agriculture. Toutes les fêtes, tous les rites n'étaient que des emblèmes de cet art, le premier des arts, qui raſſemble les hommes, qui pourvoit à leur nouriture, à leurs logemens, à leurs vêtemens, les trois ſeules choſes qui ſufiſent à la nature humaine.

Ce n'eſt point ſur les fables ridicules & amuſantes, recueillies par *Ovide*, que la religion, nommée depuis paganiſme, fut originairement établie. Les amours imputés aux dieux ne furent point un objet d'adoration; il n'y eut jamais de temple conſacré à *Jupiter* adultère, à *Vénus* amoureuſe de *Mars*, à *Phœbus* abuſant de l'enfance d'*Hyacinthe*. Les premiers myſtères inventés dans la plus haute antiquité étaient la célébration des travaux champêtres ſous la protection d'un Dieu ſuprème. Tels furent les myſtères d'*Iſis*, d'*Orphée*, de *Cérès Eleuſine*. Ceux de *Cérès* ſurtout repréſentaient

Travaux
de la cam-
pagne au-
trefois ſa-
crés.

aux yeux & à l'eſprit comment les travaux de la campagne avaient retiré les hommes de la vie ſauvage. Rien n'était plus utile & plus ſaint. On enſeignait à révérer Dieu dans les aſtres dont le cours ramène les ſaiſons, & on ofrait au grand *Demiourgos*, ſous le nom de *Cérès* & de *Bacchus*, les fruits dont ſa providence avait enrichi la terre. Les orgies de *Bacchus* furent longtems auſſi pures, auſſi ſacrées que les myſtères de *Cérès*. C'eſt de quoi *Gautruche*, *Bannier*, & les autres mythologues ne ſe ſont pas affez informés. Les prêtreffes de *Bac-* Prêtreffes de Bacchus, vœu de chaftté. *chus*, qu'on apellait les *vénérables*, firent vœu de chaftcté & d'obéiffance à leurs fupérieurs, jufqu'au tems d'*Alexandre*. On en trouve la preuve avec la formule de leur ferment dans la harangue de *Démofthène* contre *Nérée*.

En un mot, tout était facré dans la vie champêtre fi refpectable & fi méprifée aujourd'hui dans vos grandes villes.

J'avoue que les petits maîtres à talons rouges de Babilone & de Memphis mangeant les poulets des cultivateurs, prenant leurs chevaux, careffant leurs filles, & croyant leur faire trop d'honneur, pouvaient regarder cette efpèce d'hommes comme uniquement faite pour les fervir.

Nous habitions, nous autres Celtes, un France longtems barbare & malheureufe. climat plus rude & un pays moins fertile qu'il ne l'eft de nos jours. La nation fut cruellement écrafée depuis *Jules Céfar* jufqu'au grand *Julien* le philofophe, qui logeait à la croix de fer dans la rue de la harpe. Il nous traita avec équité & avec clémence comme le refte de l'empire. Il diminua nos impôts, il nous vengea des déprédations des Germains. Il fit tout ce qu'a voulu faire depuis notre grand *Henri IV.* C'eft à un païen & à un huguenot que nous devons les feuls beaux jours dont nous ayons jamais joui jufqu'au fiècle de *Louis XIV.*

Notre fort était déplorable quand des barbares apellés Vifigoths, Bourguignons &

Francs, vinrent mettre le comble à nos longs malheurs. Ils réduifirent en cendres notre pays fur le feul prétexte qu'il était un peu moins horrible que le leur. Alors tout malheureux agriculteur devint efclave dans la terre dont il était auparavant poffeffeur libre; & quiconque avait ufurpé un château, & poffédait dans fa baffe-cour deux ou trois grands chevaux de charette, dont il faifait des chevaux de bataille, traita fes nouveaux ferfs plus rudement que ces ferfs n'avaient traité leurs mulets & leurs ânes.

Les barbares, devenus chrétiens pour mieux gouverner un peuple chrétien, fûrent auffi fuperftitieux qu'ils étaient ignorans. On leur perfuada que pour n'être pas rangés parmi les boucs quand la trompette annoncerait le jugement dernier, il n'y avait d'autre moyen que d'abandonner à des moines une partie des terres conquifes. Ces bourgraves, ces châtelains ne favaient que donner un coup de lance du haut de leurs chevaux à un homme à pied; & quel-ques moines favaient lire & écrire. Ceux-ci dreffèrent les actes de donation; & quand ils en manquèrent, ils en forgèrent.

Cette falfification eft aujourd'hui fi avérée que de mille chartes anciennes que les moi-nes produifent, on en trouve à peine cent de véritables. *Montfaucon* moine lui-même l'avouait, & il ajoutait qu'il ne répondait pas de l'autenticité des cent bonnes chartes. Mais foit vraies, foit fauffes, ils eurent

toujours l'adreffe d'inférer dans les dona-
tions la claufe de *mixtum & merum impe-
rium*, *& homines fervos*.

Ils fe mirent donc aux droits des con-
quérans. Delà vint qu'en Allemagne tant
de prieurs, de moines, devinrent princes,
& qu'en France ils furent feigneurs fuze-
rains, ce qui ne s'acordait pas trop avec
leur vœu de pauvreté. Il y a même encor
en France des provinces entières où les
cultivateurs font efclaves d'un couvent. Le
père de famille qui meurt fans enfans n'a
d'autres héritiers que les bernardins, ou
les prémontrés, ou les chartreux, dont il
a été ferf pendant fa vie. Un fils qui n'habite pas la maifon paternelle à la mort de fon
père voit paffer tout fon héritage aux mains
des moines. Une fille qui s'étant mariée n'a
pas paffé la nuit de fes noces dans le logis
de fon père eft chaffée de cette maifon,
& demande en vain l'aumône à ces mêmes
religieux à la porte de la maifon où elle eft
née. Si un ferf va s'établir dans un pays
étranger & y fait une fortune, cette fortune
apartient au couvent. Si un homme d'une
autre province paffe un an & un jour dans
les terres de ce couvent, il en devient efclave. On croirait que ces ufages font ceux
des Cafres ou des Algonquins. Non, c'eft dans
la patrie des l'*Hôpital* & des d'*Agueffeau* que
ces horreurs ont obtenu force de loi. Et les
d'*Agueffeau* & les l'*Hôpital* n'ont pas même ofé
élever la voix contre cet abominable abus.

*Agricul-
teurs ef-
claves;*

*&, ce qui
eft horri-
ble, efcla-
ves des
moines.*

G 3

Lorſqu'un abus eſt enraciné, il faut un coup de foudre pour le détruire.

Cependant les cultivateurs ayant acheté enfin leur liberté des rois & de leurs ſeigneurs dans la plûpart des provinces de France, il ne reſta plus de ſerfs qu'en Bourgogne, en Franche-Comté, & dans peu d'autres cantons. Mais la campagne n'en fut guères plus ſoulagée dans le royaume des Francs. Les guerres malheureuſes contre les Anglais, les iruptions imprudentes en Italie, la valeur inconſidérée de *Françoispremier*, enfin les guerres de religion qui bouleverſèrent la France pendant quarante années, ruinèrent l'agriculture au point qu'en 1598 le duc de *Sulli* trouva une grande partie des terres en friche, faute, dit-il, *de bras & de facultés pour les cultiver.* Il était dû par les colons plus de vingt millions pour trois années de taille. Ce grand miniſtre n'héſita pas à remettre au peuple cette dette alors immenſe; & dans quel tems! lorſque les ennemis venaient de ſe ſaiſir d'Amiens, & que *Henri IV* courait hazarder ſa vie pour le reprendre.

Ce fut alors que ce roi, le vainqueur & le père de ſes ſujets, ordonna qu'on ne ſaiſirait plus, ſous quelque prétexte que ce fût, les beſtiaux des laboureurs, & les inſtrumens de labourage. *Réglement admirable,* dit le judicieux monſieur de Fourbonaye, *& qu'on aurait dû toujours interprèter dans ſa plus grande étendue à l'égard des beſtiaux, dont*

Les terres en friche à l'avénement de Henri IV.

l'abondance est le principe de la fécondité des terres, en même tems qu'elle facilite la subsistance des gens de la campagne.

Il est à remarquer que le duc de *Sulli* se déclare dans plusieurs endroits de ses mémoires contre la gabelle, & que cependant il augmenta lui-même l'impôt du sel dans quelques nécessités de l'état ; tant les afaires jettent souvent les hommes hors de leurs mesures, tant il est rare de suivre toujours ses principes. Mais enfin il tira son maître du goufre de la déprédation de ses gens de finance, de même que *Henri IV* se tira par son courage & par son adresse de l'abîme où la ligue, *Philippe II* & Rome, l'avaient plongé.

C'est un grand problème en finance & en politique s'il valait mieux pour *Henri IV,* amasser & enterrer vingt millions à la Bastille que les faire circuler dans le royaume. J'ai oui dire que s'il faut mettre quelque chose à la Bastille, il vaut mieux y enfermer de l'argent que des hommes. *Henri IV* se souvenait qu'il avait manqué de chemises & de dîner, quand il disputait son royaume au curé *Guincestre* & au curé *Aubri.* D'ailleurs ces vingt millions joints à une année de son revenu allaient servir à le rendre l'arbitre de l'Europe ; lorsqu'un maître d'école qui avait été feuillant, & qui venait de se confesser à un jésuite, l'assassina à coups de couteau dans son carosse au milieu de six de ses amis, pour l'empêcher, difait-il, de faire la guerre à Dieu, c'eft-à-dire au pape (*a*).

Ses vingt millions furent bientôt diffipés, fes grands projets anéantis; tout rentra dans la confufion.

Louis XIII à plaindre; fon peuple encor plus.

Marie Médicis fa veuve adminiftra fort mal le bien de *Louis XIII* fon pupille. Ce pupille nommé *le jufte* fit affaffiner fous fes yeux fon premier miniftre, & mettre en prifon fa mère, pour plaire à un jeune gentilhomme d'Avignon, qui gouverna encor plus mal; & le peuple ne s'en trouva pas mieux. Il eut à la vérité la confolation de manger le cœur du maréchal d'*Ancre*; mais il manqua bientôt de pain.

Le miniftère du cardinal de *Richelieu* ne fut guère fignalé que par des factions & par des échafauts; tout cela bien examiné, depuis l'invafion de *Clovis* jufqu'à la fin des guerres ridicules de la fronde, fi vous en exceptez les dix dernières années de *Henri IV*, je ne connais guères de peuple plus malheureux que celui qui habite de Bayonne à Calais, & de la Saintonge à la Lorraine.

Colbert.

Enfin *Louis XIV* régna par lui-même, & la France nâquit.

Son grand miniftre *Colbert* ne facrifia point l'agriculture au luxe, comme on l'a

_____

(*a*) Ce font les propres paroles de ce monftre dans un de fes interrogatoires.

tant dit ; mais il se proposa d'encourager
le labourage par les manufactures, & la
main d'œuvre par la culture des terres. Depuis 1662 jusqu'à 1672 il fournit un million
de livres numéraires de ce tems là chaque
année, pour le soutien du commerce. Il
fit donner deux mille francs de pension à
tout gentilhomme cultivant sa terre, qui
aurait eu douze enfans, fussent-ils morts, &
mille francs à qui aurait eu dix enfans. Cette
dernière gratification fut acordée aussi aux
pères de famille taillables.

Il est si faux que ce grand homme aban-
donnât le soin des campagnes, que le mi-
nistère Anglais sachant combien la France
avait été dénuée de bestiaux dans le tems
misérable de la fronde, & proposant en
1667 de lui en vendre d'Irlande, il répondit qu'il en fournirait à l'Irlande & à l'Angleterre à plus bas prix.

Cependant c'est dans ces belles années
qu'un Normand nommé *Boisguilbert*, qui
avait perdu sa fortune au jeu, voulut décrie
l'administration de *Colbert* ; comme si les satyres eussent pu réparer ses pertes. C'est
même homme qui fit depuis la dixme roy
sous le nom du maréchal de *Vauban* :
cent barbouilleurs de papier s'y trompent
encor tous les jours. Mais les satyres ont
passé & la gloire de *Colbert* est demeurée.

Avant lui on n'avait nul système d'amé-
lioration & de commerce. Il créa tout ; mais
il faut avouer qu'il fut arêté dans les œu-

G 5

vres de fa création, par les guerres deſtruc-
tives que l'amour dangereux de la gloire fit
entreprendre à *Louis XIV*. *Colbert* avait fait
paſſer au conſeil un édit, par lequel il
était défendu ſous peine de mort, de pro-
poſer de nouvelles taxes & d'en avancer la
finance pour la reprendre ſur le peuple avec
uſure. Mais à peine cet édit fut-il minuté
que le roi eut la fantaiſie de punir les Hollan-
dais; & cette vaine gloire de les punir obli-
gea le miniſtre d'emprunter, dans le cours
de cette guerre inutile, quatre cent millions
de ces mêmes traitans qu'il avait voulu prof-
crire à jamais. Ce n'eſt pas aſſez qu'un miniſtre ſoit économe : il faut que le roi le
ſoit auſſi.

France
près Col-
bert, mi-
aférable &
ridicule.

Vous ſavez mieux que moi, monſieur,
combien les campagnes furent accablées
après la mort de ce miniſtre. On eût dit
que c'était à ſon peuple que *Louis XIV* faifait la guerre. Il fut réduit à oprimer la
nation pour la défendre. Il n'y a point de
ſituation plus douloureuſe. Vous avez vu
les mêmes déſaſtres renouvellés avec plus
de honte pendant la guerre de 1756. Qu'on
ſonge à cette ſuite de miſères à peine in-
terrompue pendant tant de ſiècles; & on
poura s'étonner de la gaieté dont la nation
ſe pique.

Je me hâte de ſortir de cet abîme té-
nébreux, pour voir quelques rayons du
jour plus doux qu'on nous fait eſpérer.
Je vous demande des éclairciſſemens ſur

deux objets bien importans. L'un est la perte étonnante de neuf cent soixante & quatorze millions que trois impôts trop forts, & mal répartis coûtent, selon vous, tous les ans au roi & à la nation (*a*). L'autre est l'article des bleds.

S'il est vrai, comme vous semblez le prouver, que l'état perde tous les ans neuf cent soixante & quatorze millions de livres par l'impôt seul du sel, du vin, du tabac, que devient cette somme immense?

Vous n'entendez pas, sans doute, neuf cent soixante & quatorze millions en argent comptant engloutis dans la mer, ou portés en Angleterre, ou anéantis? Vous entendez des productions, c'est-à-dire des biens réels, évalués à cette somme immense, lesquels biens nous ferions croître sur notre territoire, si ces trois impôts ne nuisaient pas à sa fécondité. Vous entendez surtout une grande partie de cette somme égarée dans les poches des fermiers de l'état, dans celle de leurs agens, & des commis de leurs agens, & des alguazils de leurs commis. Vous cherchez donc un moyen de faire tomber dans le trésor du roi le produit des impôts nécessaires pour payer ses dettes, sans que ce produit passe par toutes les filières d'une armée de subalternes qui l'atténuent à chaque passage, & qui n'en laissent parvenir au roi que la partie la plus mince.

Espérances de réforme.

(*a*) Voyez le tome 4 des Ephémérides de 1775.

C'est là, ce me semble, la pierre philosophale de la finance ; à cela près que cette
nouvelle pierre philosophale est aisée à
trouver, & que celle des alchymistes est
un rêve.

Beau commencement. Il me paraît que votre secret est surtout
de diminuer les impôts pour augmenter la
recette. Vous confirmez cette vérité qu'on
pourait prendre pour un paradoxe, en rapor-
tant l'exemple de ce que vient de faire un
homme, plus instruit peut-être que *Sulli*,
& qui a d'aussi grandes vues que *Colbert*,
avec plus de philosophie véritable dans l'esprit que l'un & l'autre. Pendant l'année
1774, il y avait un impôt considérable
établi sur la marée fraîche ; il n'en vint le
carême que 153 chariots. Le ministre dont
je vous parle diminua l'impôt de moitié,
& cette année 1775 il en est venu 596 chariots. Donc le roi sur ce petit objet a gagné
plus du double. Donc le vrai moyen d'en-
richir le roi & l'état est de diminuer tous
les impôts sur la consommation, & le vrai
moyen de tout perdre est de les augmenter.

Prenez moins, vous ferez plus riches. J'admire avec vous celui qui a démontré
par les faits cette grande vérité. Reste à sa-
voir comment on s'y prendra sur des objets
plus vastes & plus compliqués. Les machines qui réussissent en petit n'ont pas toujours les mêmes succès en grand, les frot-
temens s'y oposent. Et quels terribles frot-
temens que l'intérêt, l'envie & la calomnie !

Je viens enfin à l'article des bleds. Je   Bleds.
fuis laboureur, & cet objet me regarde.
J'ai environ quatre-vingt perfonnes à nourir.
Ma grange eft à trois lieues de la ville la
plus prochaine ; je fuis obligé quelquefois
d'acheter du froment, parce que mon terrain
n'eft pas fi fertile que celui de l'Egypte &
de la Sicile.

Un jour un gréfier me dit, Allez-vous-en
à trois lieues payer chérement au marché
de mauvais bled. Prenez des commis un
acquit à caution ; & fi vous le perdez en Contrain-
chemin, le premier sbire qui vous rencon- te.
trera fera en droit de faifir votre nouriture,
vos chevaux, votre perfonne, votre femme,
vos enfans. Si vous faites quelque dificulté
fur cette propofition, fachez qu'à vingt lieues
il eft un coupe-gorge qu'on apelle jurif-
diction ; on vous y traînera, vous ferez
condamné à marcher à pied jufqu'à Toulon,
où vous pourez labourer à loifir la mer
Méditerranée.

Je pris d'abord ce difcours inftructif pour
une froide raillerie. C'était pourtant la vérité pure. Quoi ! dis-je, j'aurai raffemblé
des colons pour cultiver avec moi la terre,
& je ne pourai acheter librement du bled
pour les nourir eux & ma famille ? & je ne
pourai en vendre à mon voifin quand j'en
aurai de fuperflu ? —— Non, il faut que
vous & votre voifin creviez vos chevaux
pour courir pendant fix lieues. —— Eh dites-
moi, je vous prie, j'ai des pommes de

terre & des châtaignes, avec lefquelles on
fait du pain excellent pour ceux qui ont
un bon eftomac, ne puis-je pas en vendre
à mon voifin fans que ce coupe-gorge dont
vous m'avez parlé m'envoye aux galères ?....
Oui ---- Pourquoi, s'il vous plaît, cette
énorme diférence entre mes châtaignes &
mon bled ? ---- Je n'en fais rien. ---- C'eft
peut-être parce que les charençons mangent
le bled, & ne mangent point les châtaignes ? ---- Voilà une très mauvaife raifon. ---
Eh bien, fi vous en voulez une meilleure,
c'eft parce que le bled eft d'une néceffité
première, & que les châtaignes ne font que
d'une feconde néceffité. ---- Cette raifon eft
encor plus mauvaife. Plus une denrée eft
néceffaire, plus le commerce en doit être
facile. Si on vendait le feu & l'eau, il devrait être permis de les importer, & de les
exporter d'un bout de la France à l'autre. ----

Je vous ai dit les chofes comme elles font,
me dit enfin le gréfier. Allez-vous-en plaindre au contrôleur général, c'eft un homme
d'églife & un jurifconfulte ; il connait les
loix divines & les loix humaines, vous
aurez double fatisfaction.

Je n'en eus point. Mais j'apris qu'un
miniftre d'état qui n'était ni confeiller, ni
prêtre, venait de faire publier un édit,
par lequel, malgré les préjugés les plus fa-
crés, il était permis à tout Périgourdin de
vendre & d'acheter du bled en Auvergne,
& tout Champenois pouvait manger du pain
fait avec du bled de Picardie.

Je vis dans mon canton une douzaine de
laboureurs, mes frères, qui lisaient cet édit
fous un de ces tilleuls qu'on apelle chez nous
un rofny, parce que *Rofny* duc de Sulli les
avait plantés.

Comment donc! difait un vieillard plein de
fens, il y a foixante ans que je lis des édits;
ils nous dépouillaient prefque tous de la liberté naturelle en ftyle inintelligible; & en
voici un qui nous rend notre liberté; &
j'en entends tous les mots fans peine! voilà
la première fois chez nous qu'un roi a raifonné avec fon peuple; l'humanité tenait la
plume, & le roi a figné. Cela donne envie de
vivre; je ne m'en fouciais guères auparavant. Mais, furtout, que ce roi & fon
miniftre vivent.

Cette rencontre, ces difcours, cette joie
répandue dans mon voifinage, réveillèrent
en moi un extrême défir de voir ce roi &
ce miniftre. Ma paffion fe communiqua au
bon vieillard qui venait de lire l'édit du
13 Septembre fous le rofny.

Nous allions partir lorfqu'un procureur-
fifcal d'une petite ville voifine nous arrêta
tout court. Il fe mit à prouver que rien
n'eft plus dangereux que la liberté de fe
nourir comme on veut; que la loi naturelle ordonne à tous les hommes d'aller
acheter leur pain à vingt lieues, & que fi
chaque famille avait le malheur de manger
tranquillement fon pain à l'ombre de fon
figuier, tout le monde deviendrait mono-

poleur. Les discours véhémens de cet homme d'état ébranlèrent les organes intellectuels de mes camarades. Mais mon bonhomme, qui avait tant d'envie de voir le roi, resta ferme. Je crains les monopoleurs, dit-il, autant que les procureurs; mais je crains encor plus la gêne horrible sous laquelle nous gémissions; & de deux maux il faut éviter le pire.

Je ne suis jamais entré dans le conseil du roi; mais je m'imagine que lorsqu'on pesait devant lui les avantages & les dangers d'acheter son pain à sa fantaisie, il se mit à sourire, & dit:

„ Le bon Dieu m'a fait roi de France, & ne
„ m'a pas fait grand-panetier; je veux être le
„ protecteur de ma nation & non son opres-
„ seur réglementaire. Je pense que quand
„ les sept vaches maigres eurent dévoré
„ les sept vaches grasses, & que l'Egypte
„ éprouva la disette, si *Pharaon*, ou le
„ pharaon, avait eu le sens commun, il
„ auroit permis à son peuple d'aller acheter
„ du bled à Babilone & à Damas; & s'il
„ avait eu un cœur, il aurait ouvert ses
„ greniers gratis, sauf à se faire rembour-
„ ser au bout de sept ans que devait durer
„ la famine. Mais forcer ses sujets à lui
„ vendre leurs terres, leurs bestiaux, leurs
„ marmites, leur liberté, leurs personnes,
„ me paraît l'action la plus folle, la plus
„ impraticable, la plus tyrannique. Si j'avais
„ un contrôleur-général qui me proposât
un

„ un tel marché , je crois , Dieu me par-
„ donne , que je l'enverrais à sa maison
„ de campagne avec ses vaches grasses. Je
„ veux essayer de rendre mon peuple libre
„ & heureux pour voir comment cela
„ fera. "

Cet apologue frapa toute la compagnie.
Le procureur-fiscal alla procéder ailleurs &
nous partîmes le bon-homme & moi dans ma
charette qu'on apellait carosse , pour aller
au plus vite voir le roi.

Quand nous aprochâmes de Pontoise,
nous fumes tout étonnés de voir environ
dix à quinze mille paysans qui couraient
comme des fous en hurlant, & qui criaient,
les bleds les marchés , les marchés les bleds.
Nous remarquâmes qu'ils s'arrêtaient à chaque moulin , qu'ils le démolissaient en un
moment , & qu'ils jettaient bled , farine &
son dans la rivière. J'entendis un petit prêtre qui avec une voix de Stentor leur disait :
saccageons tout, mes amis , Dieu le veut;
détruisons toutes les farines pour avoir de
quoi manger.

Pillages au commencement de mai 1775.

Je m'aprochai de cet homme ; je lui dis ,
monsieur , vous me paraissez échaufé , voudriez-vous me faire l'honneur de vous ra-
fraîchir dans ma charette? j'ai de bon vin.
Il ne se fit pas prier. Mes amis, dit-il , je
suis habitué de paroisse. Quelques-uns de
mes confrères & moi nous conduisons ce
cher peuple. Nous avons reçu de l'argent
pour cette bonne œuvre. Nous jettons tout

H

le bled qui nous tombe fous la main, de peur de la difette. Nous allons égorger dans Paris tous les boulangers pour le maintien des loix fondamentales du royaume. Voulez-vous être de la partie ?

Nous le remerciâmes cordialement, & nous prîmes un autre chemin dans notre charette pour aller voir le roi.

En paffant par Paris, nous fumes témoins de toutes les horreurs que commit cette horde de vengeurs des loix fondamentales. Ils étaient tous ivres, & criaient d'ailleurs qu'ils mouraient de faim. Nous vîmes à Verfailles paffer le roi & la famille royale. C'eft un grand plaifir. Mais nous ne pûmes avoir la confolation d'envifager l'auteur de notre cher édit du 13 Septembre. Le gardien de fa porte m'empêcha d'entrer. Je crois que c'eft un Suiffe. Je me ferais battu contre lui fi je m'étais fenti le plus fort. Un gros homme qui portait des papiers me dit, allez, retournez chez vous avec confiance, votre homme ne peut vous voir; il a la goutte, il ne reçoit pas même fon médecin, & il travaille pour vous.

Nous partîmes donc mon compagnon & moi, & nous revinmes cultiver nos champs; ce qui eft, à notre avis, la feule manière de prévenir la famine.

Nous retrouvâmes fur notre route quelques-uns de ces automates groffiers à qui on avait perfuadé de piller Pontoife, Chantilli, Corbeil, Verfailles & même Paris. Je m'adreſſai à un homme de la troupe qui me paraiſſait repentant. Je lui demandai quel démon les avait conduits à cette horrible extravagance? Hélas, monſieur; je ne puis répondre que de mon village. Le pain y manquait; les capucins étaient venus nous demander la moitié de notre nouriture au nom de Dieu. Le lendemain les récollets étaient venus prendre l'autre moitié. ---- Eh mes amis, leur dis-je, engagez ces meſſieurs à labourer la terre avec vous, & il n'y aura plus de diſette en France.

LETTRE

DE MONSIEUR DE VOLTAIRE

A

MR. LE COMTE DE TRESSAN,

LIEUTENANT GÉNÉRAL

DES ARMÉES DU ROI.

22 Mars 1775.

JE viens de recevoir, monsieur, l'épître de votre prétendu chevalier de *Morton*, qui est aussi inconnu de moi & de Genève que ses vers, quoique le titre porte, imprimé à Genève. Je vois bien que cette brochure est de quelqu'un qui me fait l'honneur de vouloir imiter mon stile, & qui se cache sous ma chétive bannière. C'est un homme cependant qui a beaucoup d'esprit, & même de talent.

Mais comment avez-vous pu imaginer un moment que cette épitre fût de moi? Comment aurais-je pu vous parler des soupers de l'*Epicure Stanislas* qui ne soupait jamais, & qui laissa longtems sa petite cour sans souper? Personne, vous le savez, ne reſſemblait moins à *Epicure*. Monſieur le chevalier vous dit que ces ſoupers *pullulaient* dans les cours de l'Europe. Car cet *ils pullu-laient* ne peut ſe raporter qu'aux ſoupers prétendus ; à moins que ce mot ne ſe ra-porte à vos vers dont l'auteur parle plus haut. Si jamais vous rencontrez le chevalier de *Morton*, dites-lui qu'il faut écrire avec netteté , & bien ſavoir le français avant de faire des vers dans notre langue. Avertiſſez-le que ni ſes vers , ni ſes ſoupers ne pul-lulent. Perſuadez-le bien que *des feux follets d'un inſtinct perverti dont on eſt fier* forment le galimatias le plus abſurde.

Que veut dire , *déchirer l'envelope des in-finiment petits ?* Comment *diſſèque*-t-on un amas de fourmis ? qu'eſt-ce qu'un *critique à la toiſe ?* qu'eſt-ce qu'un homme qui *monte* un microſcope , & qui le vers ſuivant *monte* ſur des tréteaux ? Pouvez-vous ſuporter ces vers ?

En vain au capitole un pontife ennemi

Sonnerait le tocſin de St. Barthelemi.

Louis voulut régner. Il ne ſe trompa guères :

Un prince avec les arts mène un peuple en

    liſières.

N'avez-vous pas ſenti l'incorrection qui défigure continuellement cet ouvrage ? Ce n'eſt qu'un tiſſu d'idées incohérentes & mal digérées , exprimées ſouvent en ſolécifmes,

ou en termes obfcurs pires que des folé-
cifmes.

Il y a de beaux vers détachés. On ne peut
qu'aplaudir à ceux-ci.

> Le philofophe eft feul , & l'impofteur fait fecte.
>
> Il prouva ; quoi qu'en dit la Sorbonne ofenfée,
>
> Que le burin des fens grave en nous la penfée.

Je vois-là de l'efprit , de la raifon , de
l'imagination dans l'expreffion , & de la
clarté fans laquelle on ne peut jamais bien
écrire. Mais , monfieur , quelques vers
bien frapés ne fufifent pas. Si *Boileau* n'a-
vait que de ces beautés ifolées , il ne ferait
pas le premier de nos auteurs claffiques. Il
faut que le fil d'une logique fecrette con-
duife l'auteur à chaque pas ; que toutes
les idées foient liées naturellement , & naif-
fent les unes des autres ; qu'il n'y ait pas
une feule phrafe obfcure , que le mot propre
foit toujours employé , que la rime ne
coute jamais rien au fens , ni le fens à la
rime. Et quand on a obfervé toutes ces
règles indifpenfables , on n'a encor rien
fait , fi le poëme n'a pas cette facilité & cet
agrément qui ne fe définiffent point , & qui
frapent le lecteur le plus ignorant , fans
qu'il fache pourquoi.

J'ai dit fouvent que la meilleure manière
de juger des vers , c'eft de les tourner en
profe en les débaraffant feulement de la
rime. Alors on les voit dans toute leur tur-
pitude.

Les hommes, cher Treffan, font des machines
   étranges,

Lorfque fiers des feux follets d'un inftinct perverti,

Ils vont perféçutant l'écrivain fans partifans,

Et qui veut réparer les ruines de leur raifon.

Sans doute tu les connais, & leurs travers

Ont fouvent égayé tes vers du fel d'Ariftophane.

Vous découvrez d'un coup d'œil toutes
les impropriétés de ces expreffions, & l'in-
cohérence des idées ; la rime ne vous fait
plus illufion.

    Sapere eft & principium & fons.

Examinez, je vous en prie, avec attention ces vers-ci :

   Lé philofophe eft feul, & l'impofteur fait fecte.

   Aifément à ce trait chacun peut diftinguer

   Le vrai roi du tyran qui veut nous fubjuguer.

   Non, ne diftinguons rien, nous dira la Sor-
    bonne,

   Nous fommes dans l'état le feul corps qui rai-
   fonne.

Quel raport, s'il vous plaît, ces vers
peuvent-ils avoir les uns aux autres ? quel
fens peuvent-ils renfermer ? eft-ce le philofophe qui eft roi, parce qu'il eft feul ?

eſt-ce l'impoſteur qui eſt tyran? Pourquoi
la Sorbonne dit-elle, ne diſtinguons rien?
cela eſt-il clair? cela eſt-il net? Tout vers,
toute phraſe qui a beſoin d'explication ne
mérite pas qu'on l'explique. Un auteur eſt
plein de ſa penſée; il la rime comme il
peut; il s'entend, & il croit ſe faire entendre.
Il ne ſait pas qu'un mot hors de ſa place,
ou un mot impropre, peut rendre ſon diſcours impertinent.

Je réuſſirais peut-être plus mal que l'auteur, ſi je vous écrivais une épitre en
vers; mais du moins je ne ſoufrirai pas
qu'on m'atribue celle-ci. Et je vous prie-
rai très inſtamment de publier mon ſenti-
ment toutes les fois qu'on vous parlera de
cette pièce, ſupoſé qu'on vous en parle
jamais.

Enfin, voudriez-vous qu'ayant fait cette
ſatyre d'écolier, où tant de gens ſont in-
ſultés, & où l'*Alexandre*, le *Solon* de Ber-
lin, eſt mis à côté de *Vanini*, j'euſſe été
aſſez bête pour la faire imprimer ſous le
titre de Genève? ç'eût été la ſigner, &
m'expoſer de gaieté de cœur à mon âge de
quatre-vingt & un ans. L'auteur m'expoſe
en éfet; & ſa manœuvre eſt bien impru-
dente, ou bien cruelle.

Paſſe encore que l'avocat *Marchand* ſe
ſoit aviſé de faire imprimer mon teſtament.
Je pardonne même aux imbécilles qui ont
publié ma profeſſion de foi, & qui m'ont
fait dire élégamment, que je crois *en Père*,

Fils, & *faint Efprit*. Mais je ne puis pardonner à votre *Morton* qui nous compromet tous deux fi mal à propos.

Je pourais infifter fur l'indécence d'imprimer fans votre confentement un ouvrage qui vous eft adreffé. C'eft manquer aux premiers devoirs de la fociété : & permettez-moi de vous dire que vous vous êtes manqué à vous-même en répondant à une telle lettre.

L'amitié dont vous voulez m'honorer depuis fi longtems me met en droit de vous dire toutes ces vérités. Mais celle dont je fuis le plus certain, c'eft que je vous ferai attaché pour le refte de ma languiffante & trop longue vie avec la tendreffe la plus refpectueufe.

LE DIMANCHE
O U
LES FILLES DE MINÉE.

Par Monsieur de la VISCLÈDE *, secrétaire perpétuel*
de l'académie de Marseille.

A MADAME ARNANCHE.

VOUS demandez, madame Arnanche,
Pourquoi nos dévots païsans ,
Les cordeliers à la grand'manche,
Et nos curés catéchisans
Aiment à boire le dimanche.
J'ai consulté bien des savans.
Huet, cet évêque d'Avranche,
Qui pour la bible toujours panche ,
Prétend qu'un usage si beau
Vient de Noé le patriarche,
Qui justement dégoûté d'eau
S'enyvrait au sortir de l'arche.
Huet se trompe ; c'est Bacchus,
C'est le législateur du Gange ,

Ce Dieu de cent peuples vaincus ,
Cet inventeur de la vendange.
C'eſt lui qui voulut conſacrer
Le dernier jour hebdomadaire ,
A boire , à rire , à ne rien faire.
On ne pouvait mieux honorer
La divinité de ſon père.
Il fut ordonné par les loix
D'employer ce jour ſalutaire
A ne faire œuvre de ſes dœigts
Qu'avec ſa maîtreſſe & ſon verre.

   Un jour ce digne fils de Dieu
Et de la pieuſe Semèle
Deſcendit du ciel au ſaint lieu ,
Où ſa mère très peu cruelle
Dans ſon beau ſein l'avait conçu ;
Où ſon père l'ayant reçu
L'avait enfermé dans ſa cuiſſe ;
Grands myſtères bien expliqués ,
Dont autrefois ſe ſont moqués
Des gens d'eſprit pleins de malice,

   Bacchus à peine ſe montrait
Avec Silène & ſa monture ,
Tout le peuple les adorait ,
La campagne était ſans culture.
Dévotement on folâtrait ;
Et toute la cléricature
Courait en foule au cabaret.

   Parmi ce brillant fanatiſme

Il fut un pauvre citoyen,
Nommé Minée, homme de bien,
Et foupçonné de janfénifme.
Ses trois filles filaient du lin,
Aimaient Dieu, fervaient le prochain,
Évitaient la fainéantife,
Fuyaient les plaifirs, les amans ;
Et pour ne point perdre de tems,
Ne fréquentaient jamais l'églife.

   Alcitoé dit à fes fœurs,
Travaillons & fefons l'aumône ;
Monfieur le curé dans fon prône
Donne - t - il des confeils meilleurs?
Filons, & laiffons la canaille
Chanter des verfets ennuyeux :
Quiconque eft honnête & travaille
Ne faurait ofenfer les dieux.
Filons, fi vous voulez m'en croire ;
Et pour égayer nos travaux,
Que chacune conte une hiftoire
En faifant tourner fes fufeaux.
Les deux cadettes aprouvèrent
Ce propos tout plein de raifon,
Et leur fœur qu'elles écouterent
Commença de cette façon.

Le travail eft mon dieu, lui feul régit le monde ;
Il eft l'ame de tout : c'eft en vain qu'on nous dit
Que les dieux font à table ou dorment dans leur lit.

J'interroge les cieux, l'air, & la terre & l'onde.
Le puiffant Jupiter fait fon tour en dix ans.
Son vieux père Saturne avance à pas plus lents,
Mais il termine enfin fon immenfe carrière ;
Et dès qu'elle eft finie, il recommence encor.
  Sur fon char de rubis mêlés d'azur & d'or,
Apollon va lançant des torrens de lumière.
Quand il quitta les cieux il fe fit médecin,
Architecte, berger, menétrier, devin ;
Il travailla toujours. Sa fœur l'avanturière
Eft Hécate aux enfers, Diane dans les bois,
Lune pendant les nuits, & remplit trois emplois.
  Neptune chaque jour eft occupé fix heures
A foulever des eaux les profondes demeures,
Et les fait dans leur lit retomber par leur poids.
  Vulcain noir & craffeux, courbé fur fon enclume,
Forge à coups de marteau les foudres qu'il allume.
  On m'a conté qu'un jour, croyant le bien payer,
Jupiter à Vénus daigna le marier.
Ce Jupiter, mes fœurs, était grand adultère ;
Vénus l'imita bien ; chacun tient de fon père.
Mars plut à la friponne ; il était colonel,
Vigoureux, impudent, s'il en fut dans le ciel,
Talons rouges, nez haut, tous les talens de plaire :
Et tandis que Vulcain travaillait pour la cour,
Mars confolait fa femme en parfait petit maître,
Par air, par vanité, plutôt que par amour.
  Le mari méprifé, mais très digne de l'être,
Aux deux amans heureux voulut jouer d'un tour.

D'un fil d'acier poli, non moins fin que folide,
Il façonne un rézeau que rien ne peut brifer.
Il le porte la nuit au lit de la perfide.
Laffe de fes plaifirs il la voit repofer
Entre les bras de Mars ; & d'une main timide
Il vous tend fon lacet fur le couple amoureux.
Puis marchant à grands pas, encor qu'il fut boiteux,
Il court vîte au foleil conter fon avanture.
Toi qui vois tout, dit-il, viens, & vois ma parjure.
Cependant que Phofpore aux bords de l'orient
Au devant de fon char ne paraît point encor,
Et qu'en verfant des pleurs la diligente aurore
Quitte fon vieil époux pour fon nouvel amant;
Apelle tous les dieux, qu'ils contemplent ma honte,
Qu'ils viennent me venger. —— Apollon eft malin;
Il rend avec plaifir ce fervice à Vulcain ;
En petits vers galans fa difgrace il raconte;
Il affemble en chantant tout le confeil divin.
Mars fe réveille au bruit auffi-bien que fa belle ;
Ce Dieu très es-honté ne fe dérangea pas,
Il tint fans s'étonner Vénus entre fes bras,
Lui donnant cent baifers qui font rendus par elle.
Tous les dieux à Vulcain firent leur compliment,
Le père de Vénus en rit longtems lui-même.
On vanta du lacet l'admirable inftrument.
Et chacun dit, bon homme attrapez-nous de même,

Lorfque la belle Alcitoé
Eut fini fon conte pour rire,
Elle dit à fa fœur Thémire

Tout ce peuple chante *Evoé*;
Il s'enyvre, il eſt en délire,
Il croit que la joie eſt du bruit.
Mais vous que la raiſon conduit
N'auriez - vous donc rien à nous dire ?
Thémire à ſa ſœur répondit,
La populace eſt la plus forte,
Je crains ces dévots, & fais bien;
A double tour fermons la porte,
Et pourſuivons notre entretien.
Votre conte eſt de bonne ſorte;
D'un vrai plaiſir il me tranſporte;
Pourez-vous écouter le mien ?

C'eſt de Vénus qu'il faut parler encore,
Sur ce ſujet jamais on ne tarit;
Filles, garçons, jeunes, vieux, tout l'adore;
Mille grimauds font des vers ſans eſprit
Pour la chanter. Je m'en ſuis ſouvent plainte.
Je déteſtais tout médiocre auteur;
Mais on les paſſe, on les ſoufre, & la ſainte
Fait qu'on pardonne au ſot prédicateur.
Cette Vénus que vous avez dépeinte,
Folle d'amour pour le dieu des combats,
D'un autre amour eut bientôt l'ame atteinte.
Le changement ne lui déplaiſait pas.
Elle trouva devers la Paleſtine
Un beau garçon, dont la charmante mine,
Les blonds cheveux, les roſes & les lys,

Les yeux brillans, la taille noble & fine,
Tout lui plaifait, car c'était Adonis.
Cet Adonis, ainfi qu'on nous l'attefte,
Au rang des dieux n'était pas tout - à - fait ;
Mais chacun fait combien il en tenait.
Son origine était toute célefte.
Il était né des plaifirs d'un incefte.
Son père était fon aïeul Cinira
Qui l'avait eu de fa fille Mirra.
Et Cinira, ce qu'on a peine à croire,
Était le fils d'un beau morceau d'yvoire.
Je voudrais bien que quelque grand docteur
Pût m'expliquer fa généalogie ;
J'aime à m'inftruire, & c'eft un grand bonheur
D'être favante en la théologie.

Mars fut jaloux de fon charmant rival,
Il le furprit avec fa Citherée
Le nez collé fur fa bouche facrée,
Fefant des dieux. Mars eft un peu brutal,
Il prit fa lance, & d'un coup détestable
Il tranfperça ce jeune homme adorable
De qui le fang produit encor des fleurs.
J'admire ici toutes les profondeurs
De cette hiftoire ; & j'ai peine à comprendre
Comment un dieu pouvait ainfi pourfendre
Un autre Dieu. Ça, dites - moi, mes fœurs,
Qu'en penfez-vous ? parlez-moi fans fcrupule,
Tuer un dieu n'eft-il pas ridicule ?

Non, dit Climène, & puifqu'il était né,
C'eft à mourir qu'il était deftiné ;

Je

Je le plains fort, sa mort paroît trop prompte.
Mais pourfuivez le fil de votre conté.

Notre Thémire aimant à raifonner
Lui répondit, je vais vous étonner.
Adonis meurt : mais Vénus la féconde,
Qui peuple tout, qui fait vivre & fentir,
Cette Vénus qui créa le plaifir,
Cette Vénus qui répare le monde
Reffufcita fept jours après fa mort
Le dieu charmant dont vous plaignez le fort.

Bon! dit Climéné, en voici bien d'une autre;
Ma chere fœur, quelle idée eft la vôtre!
Reffufciter les gens! je n'en crois rien.
Ni moi non plus, dit la belle conteufe,
Et l'on peut être une fille de bien
En foupçonnant que la fable eft menteufe.
Mais tout cela fe croit très fermement
Chez les docteurs de ma noble patrie,
Chez les rabins de l'antique Syrie,
Et vers le Nil, où le peuple en danfant
De fon Ifis entonnant la louange,
Tous les matins fait des dieux & les mange.
Chez tous ces gens Adonis eft fêté;
On vous l'enterre avec folemnité;
Six jours entiers l'enfer eft fa demeure;
Il eft damné tant en corps qu'en efprit;
Dans ces fix jours chacun gémit & pleure;
Mais le feptième il reffufcite; on rit.
Telle eft, dit-on, la belle allégorie,

Le vrai portrait de l'homme & de la vie ;
Six jours de peine, un feul jour de bonheur.
Du mal au bien toujours le deſtin change ;
Mais il eſt peu de plaiſir ſans douleur ;
Et nos chagrins ſont ſouvent ſans mélange.

De la ſage Climène enfin c'était le tour.
Son talent n'était pas de conter des ſornettes,
De faire des romans ou l'hiſtoire du jour,
De ramaſſer des faits perdus dans les gazettes.
Elle était un peu ſèche, aimait la vérité,
La cherchait, la diſait avec ſimplicité ;
Se ſouciant fort peu qu'elle fût embellie,
Elle eût fait un bon tome à l'Encyclopédie.

Climène à ſes deux ſœurs adreſſa ce diſcours ;
Vous m'avez de nos dieux raconté les amours,
Les avantures, les myſtères,
Si nous n'en croyons rien que nous ſert d'en parler ?
Un mot devrait ſuffire. On a trompé nos pères ;
Il ne faut pas leur reſſembler.
Les Béotiens nos confrères
Chantent au cabaret l'hiſtoire de nos dieux,
Le vulgaire ſe fait un grand plaiſir de croire
Tous ces contes faſtidieux,
Dont on a dans l'enfance enrichi ſa mémoire.
Pour moi, dût le curé me gronder après boire,
Je m'en tiens à vous dire avec mon peu d'eſprit
Que je n'ai jamais cru rien de ce qu'on m'a dit.

J'un bout du monde à l'autre on ment , & l'on mentit ;
Nos neveux mentiront comme ont fait nos ancêtres.

  Chroniqueurs , médecins & prêtres ,
Se font moqués de nous dans leur fatras obscur.
  Moquons-nous d'eux ; c'est le plus sûr.
  Je ne crois point à ces prophêtes
  Pourvus d'un esprit de Python ;
  Qui renoncent à leur raison
  Pour prédire les choses faites.
Je ne crois point qu'un Dieu nous fasse nos enfans ,
  Je ne crois point la guerre des géans ,
Je ne crois point du tout à la prison profonde ,
D'un rival de Dieu même en son tems foudroyé ;
Je ne crois point qu'un fat ait embrasé ce monde
  Que son grand - père avait noyé.
  Je ne crois aucun des miracles
Dont tout le monde parle , & qu'on n'a jamais vus.
  Je ne crois aucun des oracles
  Que des charlatans ont vendus.
Je ne crois point... la belle au milieu de sa frase
S'arrêta de fraïeur ; un bruit afreux s'entend ,
  La maison tremble , un coup de vent
  Fait tomber le trio qui jase.
Avec tout son clergé Bacchus entre en buvant.
Et moi je crois , dit-il , mesdames les savantes ;
  Qu'en fesant trop les beaux esprits
  Vous êtes des impertinentes.
  Je crois que de mauvais écrits
  Vous ont un peu tourné la tête.

Vous travaillez un jour de fête ;
Vous en aurez bientôt le prix.
Et ma vengeance est toute prête ;
Je vous change en chauve - souris.
Aussi-tôt de nos trois recluses
Chaque membre se racourcit ,
Sous leur aisselle il s'étendit
Deux petites aîles velues.
Leur voix pour jamais se perdit ;
Elles volèrent dans les rues
Et devinrent oiseaux de nuit.
Ce châtiment fut tout le fruit
De leurs sciences prétendues.
Ce fut une grande leçon
Pour tout bon raisonneur qui fronde;
On connut qu'il est dans ce monde
Trop dangereux d'avoir raison.
Ovide a conté cette afaire ,
La Fontaine en parle après lui.
Moi je la répète aujourd'hui.
Et j'aurais mieux fait de me taire.

LETTRE

De monfieur de la VISCLÈDE, *à monfieur le fecrétaire perpétuel de l'académie de Pau.*

MONSIEUR & cher confrère, je vous envoye mes filles de Minée, & je vous répète en profe ce que j'ai dit en vers, que je ne devais pas traiter ce fujet après *Ovide* & *La Fontaine.* Ce n'eft pas dans le monde comme dans l'évangile, celui qui vient fe préfenter à la dernière heure n'eft jamais fi bien reçu que ceux qui ont travaillé le matin. Voyez ce qui vient d'arriver à *La Motte*; il a voulu faire une petite iliade; on s'eft moqué de lui. Il a fait des fables philofophiques dédiées au régent du royaume, qui lui a donné deux mille écus; tout le monde a dit, nous aimons mieux le naïf *La Fontaine* à qui *Louis XIV* ne donna rien.

Vous connaiffez cet enfant de la nature, ce *La Fontaine*, & fes trois filles de Minée que l'abbé d'*Olivet* a fait imprimer dans un recueil en cinq volumes; mais vous ne connaiffez pas les amours de Mars & de Vénus, qui ne fe trouvent que dans l'édition de 1750. Les voici.

I 3

Vous devez avoir lu qu'autrefois le dieu Mars,
Bleffé par Cupidon d'une flèche dorée,
Après avoir dompté les plus fermes remparts,
    Mit le camp devant Citherée.
Le fiège ne fut pas de fort longue durée :
    A peine Mars fe préfenta
    Que la belle parlementa.
Dans les formes pourtant il entreprit l'afaire :
    Par tout moyen tâcha de plaire,
De fon ajuftement prit d'abord un grand foin.
    Confidérez - le en ce coin,
    Qui quitte fa mine fière.
Il fe fait attacher fon plus riche harnois.
    Quand çe ferait pour des jours de tournois,
    On ne le verrait pas vêtu d'autre manière.
L'éclat de fes habits fait honte à l'œil du jour.
Sans cela, fit-on mordre aux géans la pouffière,
Il eft bien mal-aifé de rien faire en amour.
    En peu de tems Mars emporta la dame.
Il la gagna peut-être, en lui contant fa flamme;
Peut-être conta-t-il fes fièges, fes combats;
Parla de contrefcarpe, & cent autres merveilles,
    Que les femmes n'entendent pas,
Et dont pourtant les mots font doux à leurs oreilles.
Voyez combien Vénus en ces lieux écartés.
Aux yeux de ce guerrier étale de beautés.
    Quels longs baifers! La gloire a bien des charmes;
Mais Mars en la fervant ignore ces douceurs.

Son harnois eft fur l'herbe : amour pour toutes armes
　　Veut des foupirs & des larmes ;
　　C'eft ce qui triomphe des cœurs.
Phébus pour la déeffe avait même deffein ;
Et charmé de l'efpoir d'une telle conquête,
　　Couvait plus de feux dans fon fein
　　Qu'on n'en voyait à l'entour de fa tête.
C'était un dieu pourvu de cent charmes divers.
　　Il était beau ; mais il faifait des vers,
　　Avait un peu trop de doctrine :
　　Et qui pis eft, favait la médecine.
　　Or foyez fûr qu'en amours,
Entre l'homme d'épée & l'homme de fcience,
Les dames au premier inclineront toujours,
Et toujours le plumet aura la préférence.
Ce fut donc le guerrier qu'on aima mieux choifir.
　　Phébus outré de déplaifir
　　Aprit à Vulcan ce myftère ;
Et dans le fond d'un bois voifin de fon féjour,
Lui fit voir avec Mars la reine de Cithère,
Qui n'avaient en ces lieux pour témoins que l'amour.
La peine de Vulcan fe voit repréfentée ;
Et l'on ne dirait pas que les traits en font feints.
Il demeure immobile, & fon ame agitée
Roule mille penfers qu'en fes yeux on voit peints.
　　Son marteau lui tombe des mains.
Il a martel en tête, & ne fait que réfoudre,

I 4

Frapé comme d'un coup de foudre.
Le voici dans cet autre endroit
Qui querelle & qui bat sa femme.
Voyez-vous ce galant qui les montre du doigt ?
Au palais de Vénus il s'en allait tout droit,
Espérant y trouver le sujet qui l'enflamme.
La dame d'un logis, quand elle a fait l'amour,
Met le tapis chez elle à toutes les coquettes,
Dieu sait si les galans lui font aussi la cour.
Ce ne sont que jeux & fleurettes,
Plaisans devis & chansonnettes ;
Mille bons mots, sans compter les bons tours,
Font que sans s'ennuyer chacun passe les jours.
Celle que vous voyez aportait une lyre,
Ne songeant qu'à se réjouir.
Mais Vénus pour le coup ne la saurait ouïr :
Elle est trop empêchée, & chacun se retire.
Le vacarme que fait Vulcan
A mis l'alarme au camp.
Mais avec tout ce bruit que gagne le pauvre homme ?
Quand les cœurs ont goûté des délices d'amour,
Ils iraient plutôt jusqu'à Rome,
Que de s'en passer un seul jour.
Sur un lit de repos voyez Mars & sa dame.
Quand l'hymen les joindrait de son nœud le plus fort,
Que l'un fût le mari, que l'autre fût la femme,
On ne pourait entr'eux voir un plus bel accord.

Confidérez plus bas les trois Graces pleurantes :
La maîtreffe a failli, l'on punit les fuivantes.
Vulcan veut tout chaffer. Mais quels dragons veillans
      Pouraient contre tant d'affaillans
      Garder une toifon fi chère ?

Il accufe furtout l'enfant qui fait aimer :
Et fe prenant au fils des péchés de la mère,
Menace Cupidon de le faire enfermer.

  Ce n'eft pas tout : plein d'un dépit extrême
Le voilà qui fe plaint au monarque des dieux :
Et de ce qu'il devrait fe cacher à foi-même,
Importune fans ceffe & la terre & les cieux.
L'adultère Jupin, d'un ris malicieux,
Lui dit que ce malheur eft pure fantaifie,
Et que de s'en troubler les efprits font bien fous.
Plaife au ciel que jamais je n'entre en jaloufie :
Car c'eft le plus grand mal, & le moins plaint de tous.

  Que fait Vulcan ? Car pour fe voir vengé,
  Encore faut-il qu'il faffe quelque chofe :
  Un rez d'acier par fes mains eft forgé ;
  Ce fut Momus qui, je penfe, en fut caufe.
  Avec ce rez, le galant lui propofe
  D'enveloper nos amans bien & beau.
  L'enclume fonne : & maint coup de marteau,
  Dont maint chaînon l'un à l'autre s'affemble,
  Prépare aux dieux un fpectacle nouveau
  De deux amans qui repofent enfemble.
  Les noires fœurs aprétèrent le lit :

Et nos amans trouvant l'heure oportune,

Sous le rézéau pris en flagrant délit,

De s'échaper n'eurent puissance aucune.

Vulcan fait lors éclater sa rancune :

Tout en clopant le vieillard éclopé

Semond les dieux, jusqu'au plus occupé,

Grands & petits, & toute la sequelle.

Demandez - moi qui fut bien atrapé :

Ce fut, je crois, le galant & la belle.

Peut - être direz-vous que ces amours de Mars & de Vénus ne valent pas sa fable des deux pigeons. Je vous croirai fans peine, comme je crois avec vous que fon ode au roi pour l'infortuné *Fouquet* n'aproche pas de fon élégie aux nymphes de Vaux pour ce même *Fouquet*.

Pleurez, nymphes de Vaux, dans vos grottes
    profondes . . . .

La cabale est contente, Oronte est malheureux,
    &c.

Il changea ce mot de *cabale* quand on l'eut fait apercevoir que le grand *Colbert* servait le roi & l'état avec une équité sévère, & n'était point cabaleur ; mais *La Fontaine* l'avait entendu dire ; & il avait cru bonnement que c'était-là le mot propre.

Vous me dites que *Jean* eut grand tort de faire imprimer fes opéra, & la comédie intitulée *Je vous prends fans verd*, & la comédie de *Climène* &c. ; mais l'abbé d'*Olivet* eut plus de tort encor de faire une collection de tout ce qui pouvait diminuer la gloire de *La Fontaine*. La manie des éditeurs reffemble à celle des facriftains ; tous raffemblent des guenilles qu'ils veulent faire révérer. Mais de même qu'on ne juge les vrais faints que par leurs bonnes actions, l'on ne juge les hommes à talens que par leurs bons ouvrages.

Vingt pièces-de théatre très indignes de l'auteur de *Cinna* ne lui ont point ôté le nom de grand. Tout ce qu'on reproche à *Quinault* n'empêche pas qu'il ne foit un homme unique, & jufqu'à préfent inimitable dans un genre très - dificile. Une foixantaine d'anciennes fables rajeunies par *La Fontaine*, & contées avec un agrément qui n'avait jamais été connu que de *Pétrone*, & bien faifi que par notre fabulifte ; une vingtaine de contes écrits avec cette facilité charmante, & cette négligence heureufe que nous admirons en lui, le mettent infiniment au-deffus de *Bocace*, & quelquefois même, fi j'ofe le dire, à côté de l'*Ariofte* pour la manière de narrer.

Il avait ce grand don de la nature, le talent. L'efprit le plus fupérieur n'y faurait atteindre. C'eſt par les talens que le ſiècle de *Louis XIV* ſera diſtingué à jamais de tous les ſiècles, dans notre France ſi longtems groſſière. Il y aura toujours de l'eſprit; les connaiſſances des hommes augmenteront, on verra des ouvrages utiles; mais des talens! je doute qu'il en naiſſe beaucoup. Je doute qu'on retrouve l'auteur de *Cinna*, celui d'*Iphigénie*, d'*Athalie*, de *Phèdre*, celui de l'*Art poëtique*, celui de *Roland* & d'*Armide*, celui qui força en chaire juſqu'à des miniſtres de pleurer & d'admirer la fille de *Henri IV* veuve de *Charles premier*, & ſa fille *Henriette*, madame.

Voyez comme les oraiſons funèbres d'aujourd'hui ſont enſevelies avec ceux qu'elles célèbrent. Voyez comme *Séthos*, malgré quelques beaux paſſages, & les *Voyages de Cyrus* ſont tombés dans l'oubli, tandis que le *Télémaque* eſt toujours l'inſtruction & le charme de tous les jeunes gens bien nés. Comment s'eſt-il pu faire que dans la foule de nos prédicateurs, il n'y en ait pas un ſeul qui ait aproché de l'auteur du petit carème? Vous voyez à regret que perſonne n'a oſé ſeulement tenté d'imiter le créateur du *Tartuffe* & du *Miſantrope*? Nous avons quelques comédies très agréables. Mais, un *Molière*! je vous prédis hardiment que nous n'en aurons jamais. Quelle gloire pour *La Fontaine* d'être mis preſque à côté de tous ces grands-hommes!

L'abbé de *Chaulieu* ferma ce ſiècle par trois

ou quatre pièces de poëfie qui partent du cœur, ou qui femblent en partir. Elles ref-pirent la volupté & la philofophie, & de-mandent grace pour toutes les bagatelles infipides dont on a farci fon récueil :

Je m'étonne que *La Fontaine* n'ait parlé de *Chaulieu* qu'à propos de l'argent qu'il comptait recevoir par fes mains de la part du duc de *Vendôme*.

Le paillard m'a dit aujourd'hui

Qu'il faut que je compte avec lui.

Aimez-vous cette parenthèfe ?

La refte ira, ne vous déplaife,

En bas relief & cætera.

Ce mot-ci s'interprétera

Des Jeannetons. Car les Climènes

Aux vieillards font inhumaines.

Je ne vous répons pas qu'encor

Je n'employe un peu de votre or

À payer la brune & la blonde, &c.

Comment l'abbé d'*Olivet* a-t-il pu imprimer trois pièces de *La Fontaine*, écrites de ce miférable ftile, par lefquelles il demande l'aumône pour avoir des filles ? on ne recon-nait pas dans ces vers celui qui a dit,

J'ai quelquefois aimé; je n'aurais point alors

Contre le Louvre & fes tréfors,

Contre le firmament & la voûte célefte,

Changé les bois, changé les lieux

Honorés par les pas, éclairés par les yeux

　　De l'aimable & jeune bergère,

　　Pour qui, sous le fils de Cithère,

Je fervis engagé par mes premiers fermens.

Hélas ! quand reviendront de femblables mo-

　　mens ;

Faut-il que tant d'objets *fi doux & fi charmans*

Me laiffent vivre au gré de mon ame inquiète ?

Ne fentirai-je plus de charme qui *m'arrête* ?

　　Ai-je paffé le tems d'aimer ?

On croirait ces deux derniers vers d'un feigneur du bel air, d'un homme à grandes paffions, d'un duc de *Candale*, d'un duc de *Bellegarde*. Cela ne s'accorde pas avec les *Jeannetons* de *Jean La Fontaine* qui demande quelques piftoles au duc de Vendôme & au *paillard* Chaulieu, pour attendrir en fa faveur fes héroïnes du pont-neuf.

Tout cela, monfieur, n'empêche pas qu'un nombre confidérable de fables pleines de fentiment, d'ingénuité, de fineffe & d'élégance, ne foient le charme de quiconque fait lire.

Quand je dis qu'il eft prefque égal dans fes bonnes fables aux grands hommes de fon mémorable fiècle, je ne dis rien de trop fort. Je ferais un exagérateur ridicule fi j'ofais comparer *Maître corbeau fur un arbre perché tenant en fon bec un fromage*, & *la cigale ayant chanté tout l'été*, à ces vers de *Cornélie* qui tient l'urne de fon époux ;

Eternel entretien de haine & de pitié,
Reftes du grand Pompée, écoutez fa moitié.

& à ceux de *Céfar* :

Reftes d'un demi-dieu dont à peine je puis
Égaler le grand nom, tout vainqueur que j'en fuis!

Le favetier & le financier, les animaux malades de la pefte, le meunier, l'âne & fon fils, &c. &c. tout excellens qu'ils font dans leur genre, ne feront jamais mis par moi au même rang que la fcène d'*Horace* & de *Curiace*, ou que les pièces inimitables de *Racine*, ou que le parfait art poétique de *Boileau*, ou que le Mifantrope & le Tartuffe de *Molière*. Le mérite extrême de la dificulté furmontée, un grand plan conçu avec génie, exécuté avec un gout qui ne fe dément jamais dans *Racine*, la perfection enfin dans un grand art, tout cela eft bien fupérieur à l'art de conter. Je ne veux point égaler le vol de la fauvette à celui de l'aigle. Je me borne à vous foutenir que *La Fontaine* a fouvent réuffi dans fon petit genre autant que *Corneille* dans le fien. J'aurais feulement défiré pour la gloire de la nation, qu'on n'eût point imprimé les dernières fables de l'un, & les dernières tragédies de l'autre, depuis *Pertharite*. Mais ces maudits éditeurs veulent imprimer tout. Ce font des corbeaux qui s'acharnent fur les morts, comme l'envie fur les vivans. Encor s'ils ne fatiguaient le public

que par les mauvais ouvrages des bons auteurs, on pourait pardonner à leur avidité.
Ce qu'il y a de pis, c'eſt qu'ils y ajoutent
trop ſouvent leurs propres ſottiſes qu'ils
font paſſer ſous le nom des écrivains un peu
connus. J'ai pâti moi-même, moi inconnu,
de cette rage d'imprimer. Combien de pau-
vretés n'a-t-on pas publiées ſous le nom de
la Viſclède dans des recueils immenſes! Vers
de *Bonneval* ſur la mort de mademoiſelle *le*
Couvreur; vers à mon cher B. ſur *Newton*;
vers impertinens à madame du *Châtelet*;
lettre de Varſovie; épitre de *Formont* à l'abbé
de *Rotelin*; ode ſur le vrai Dieu; lettres de
monſieur de *la Viſclède* à ſes amis du Par-
naſſe, &c. &c.

Ceux qui ſe forment des bibliothèques
ſont toujours trompés par ce manege, qui
ne ſert qu'à étoufer le bon grain ſous un
tas énorme d'yvraie. On eſt parvenu à nous
dégoûter de la lecture à force de multiplier
les livres & les livrets. S'il eſt vrai que les
Ptolomées eurent autrefois une bibliothèque
de quatre cent mille volumes, on ne fit pas
mal de la brûler; & quand on brûlera toutes
les brochures qui nous inondent, je com-
mencerai par la mienne.

Nous ſommes importunés dans notre ſiècle d'une foule de petits artiſtes qui diſſe-
quent le ſiècle paſſé. On créait alors, &
aujourd'hui on épluche, on critique la création. Je tombe dans ce défaut en vous écri-
vant; mais j'ouvre mon cœur à mon ami,

& je ferais très fâché que ma lettre devint publique.

Permettez-moi de remarquer qu'on ne fut point févère pour *La Fontaine*, parce qu'il femblait ne prétendre à rien. Moins il exigeait, plus on lui accordait. On lui paffait les mauvaifes fables en faveur des excellentes. Il n'en était pas ainfi de *Racine* & de *Boileau* qui prétendaient à la perfection. On les chicanait fur un mot ; c'eft ainfi qu'on pardonnait tout à *Montagne*, & qu'on tomba rudement fur *Balzac* qui voulait être toujours correct & toujours éloquent.

Depuis que *La Bruière*, dans fes caractères, eut jugé *Corneille* & *Racine*, combien d'écrivains fe mirent à juger auffi ! Et enfin, on a fait plus de cent volumes fur ce fiècle de *Louis XIV*. Chacun dans fes jugemens foit en vers, foit en profe, a plus cherché à montrer de l'efprit qu'à trouver la vérité ; & à faire des antithèfes plutôt que des raifonnemens.

L'inondation des journaliftes & des folliculaires eft venue, laquelle a noyé le bon avec le mauvais ; & a détruit toute érudition, en préfentant des extraits à l'ignorance. Les lecteurs ont décidé comme les magiftrats qui jugent fur le raport de leur fecrétaire.

Il eft arrivé pis ; on s'eft divifé en factions ; les janféniftes ont voulu que les jéfuites n'euffent jamais fait un bon ouvrage, & que le père *Bouhours* ne fût pas fa langue. Les jéfuites ont dénigré *Boileau* parce qu'il

K

était ami d'*Arnaud*. Les folliculaires se sont
dit des injures. C'est la bataille des rats &
des grenouilles après l'iliade.

Pour vous prouver, monsieur, avec quelle
précipitation l'on juge, & comme un bon
mot tient lieu de raison, je ne veux que
vous citer cette décision de *La Bruière*, qui a
été la source de tant d'énormes dissertations:
*Racine a peint les hommes tels qu'ils sont, &
Corneille tels qu'ils devraient être.* Cela est
éblouissant, mais cela est très faux. *César*
n'a jamais dû être assez fat pour dire à *Cléopatre* qu'il n'a vaincu à Pharsale que pour
lui plaire, lui qui n'avait point vu encor
cet enfant de quinze ans. L'autre *Cléopatre*
n'a point dû empoisonner l'un de ses enfans
& assassiner l'autre au bout d'une allée dans
un jardin. *Théodore* n'a point dû s'obstiner
à se prostituer dans un mauvais lieu, au lieu
d'accepter le secours d'un honnête homme.
Polyeucte n'a point dû briser tout dans un
temple, & hazarder de casser toutes les têtes
par dévotion. *Léontine* n'a point dû se vanter
de tout faire, pour ne rien faire du tout.
Pompée devait-il répudier sa femme qu'il
aimait pour épouser la nièce d'un tyran?
Perthārite devait-il céder la sienne? *Thésée*
dans Oedipe devait il parler d'amour au
milieu de la peste, & dire:

Quelque ravage afreux qu'étale ici la peste,

L'absence aux vrais amans est encor plus funeste?

Si le judicieux & énergique *La Bruiere* s'est
si évidemment trompé, que feront donc nos
petits écoliers qui tranchent avec tant de
hardiesse, & qui plus ignorans & plus im-
pudens qu'un *Fréron*, osent décider au
premier coup d'œil sur des choses qu'un
Quintilien aurait longtems examinées, avant
de donner son opinion avec modestie!

Vous me faites, monsieur, une question
plus importante. Vous me demandez pourquoi *Louis XIV* ne fit pas tomber ses bienfaits sur *La Fontaine*, comme sur les autres
gens de lettres qui firent honneur au grand
siècle? Je vous répondrai d'abord qu'il ne
goûtait pas assez le genre dans lequel ce conteur charmant excella. Il traitait les fables de
La Fontaine comme les tableaux de *Teniers*,
dont il ne voulait voir aucun dans ses apar-
témens. Il n'aimait le petit en aucun genre,
quoiqu'il eût dans l'esprit autant de délicatesse
que de grandeur. Il ne goûta les petits vers
de *Benserade* que parce qu'ils avaient raport
aux fêtes magnifiques qu'il donnait.

De plus, *La Fontaine* était d'un caractère
à ne se pas présenter à la cour de ce monarque. Ses distractions continuelles, son extrême simplicité réjouissaient ses amis, &
n'auraient pu plaire à un homme tel que
Louis XIV.

La Bruiere s'est servi de couleurs un peu
fortes pour peindre notre fabuliste; mais il y
a du vrai dans ce portrait. *Un homme parait
grossier, lourd, stupide; il ne sait ni parler,*

K 2

ni raconter ce qu'il vient de voir. S'il se met à
écrire, c'est le modèle des bons contes &c.

La Bruière, qui peignit tous ses contem-
porains, en dit autant de Corneille, non que
Corneille fût un bon conteur. C'était autre
chose, il était souvent très sublime dans ses
bonnes pièces. Boileau ne faisait peut-être
pas assez de cas de La Fontaine & de Corneille;
il n'était sensible qu'à un stile toujours pur,
il ne pouvait aimer que la perfection.

Soyez sûr, monsieur, qu'il est très faux
que La Fontaine déplut au roi comme on l'a
dit, pour avoir fait des vers en faveur du
surintendant Fouquet. Pélisson défenseur très
hardi de ce ministre, & même ayant été sa
victime, devint un des favoris de Louis XIV
& fit une grande fortune. Son éloquence
touchante, son érudition utile, la connaissance des afaires, & la souplesse de son esprit, en firent un homme d'état. La Fontaine
n'avait rien de tout cela. Uniquement borné
à son talent, & incapable même de le
faire valoir, il n'est pas étonnant qu'il ne fût
pas assez remarqué par Louis XIV.

Lulli lui nuisit beaucoup. Vous savez que
tout est cabale parmi les gens de lettres,
comme parmi les prêtres. La cabale contre
Quinault, l'un des grands ornemens de ce
mémorable siècle, ayant forcé Lulli à recourir
à d'autres pour ses opéra, il choisit La Fontaine. Avouons que le fabuliste, faisant parler
ses héros du stile de Jeannot Lapin & de
dame Belette, ne pouvait réussir après Atis
& Thésée. Lulli était plein d'esprit & de goût;

plus il en avait, plus il lui était impoſſible de mettre en muſique de telles paroles. Il n'était pas de ces gens qui diſent qu'il eſt égal de chanter la gazette ou *Armide*, & qu'il n'y a rien au monde de ſi néceſſaire que des doubles croches. Le pauvre *La Fontaine*, croyant ſérieuſement qu'on lui faiſait une énorme injuſtice, fit la ſatyre du *Florentin* contre *Lulli*. Elle n'eſt pas dans le goût de celle de *Boileau* ou d'*Horace*.

Le B.... avait juré de m'amuſer ſix mois.

Il ſe trompa de deux. Mes amis, de leur grace,

Me les ont épargnés, l'envoyant, où je crois

    Qu'il va bien ſans eux & ſans moi.

Voilà l'hiſtoire en gros. Le détail a des ſuites

    Qui valent bien d'être déduites,

    Et j'en aurais pour tout un an.

Non ſans doute, ce ſot détail & ces ſuites ne valaient pas d'être déduites, & ſurtout en ſi mauvais vers. Le pis eſt qu'il s'excuſe ſur cette ridicule ſatyre à madame de *Thiange*, ſœur de madame de *Monteſpan*, en vers non moins ridicules. Il croit que *Lulli* lui a ôté ſa fortune & ſa gloire, en ne feſant point de muſique pour ſes paroles. Voici comme il s'explique.

Le ciel m'a fait auteur, je m'excuſe par-là.

    Auteur qui pour tout fruit moiſſonne

    Un peu de gloire. On le lui ravira;

Et vous croyez qu'il s'en taira!

Il n'eſt donc plus auteur. La conſéquence eſt bonne.

Je ſais bien que le cocher de *Vertamont* aurait fait de tels vers tout auſſi-bien que *La Fontaine.* Je ſais que ces miſères proſaïques en rimes ne ſont que des ſottiſes aiſées. Mais enfin le même homme eſt le meilleur metteur en œuvre des anciennes fables d'*Eſope* & de *Pilpay*, & celui qui dans ce genre a le mieux enchâſſé l'eſprit des autres. Encor une fois, ce talent unique fait tout pardonner. *Lulli* même lui pardonna, & très plaiſamment, en diſant qu'il aimerait mieux mettre en muſique la ſatyre de *La Fontaine* que ſes opéra.

Il me ſemble que la voix publique donne la préférence à ſes fables ſur ſes contes. Ceux-ci paraiſſent pour la plûpart aux bons critiques un peu trop alongés. Ils n'aiment point dans le Joconde pris de l'*Arioſte* :

Prenons, dît le romain, la fille de notre hôte;

Je la tiens pucelle ſans faute,

Et ſi pucelle qu'il n'eſt rien

De ſi puceau que cette fille.

Ils réprouvent ce ton de la rue St. Denis, ce ton bourgeois auquel l'*Arioſte* ne s'aſſervit jamais. Le greco & la fiametta de l'*Arioſte* ſont bien au-deſſus du puceau de *La Fontaine.*

Ils n'aiment point que notre fabuliſte diſe dans le cocu batu & content, tiré de *Bocace* :

Tant se la mit le drôle en sa cervelle,

Que dans sa peau peu ni point ne durait.

Bocace n'a point de ces expreffions baffes & incorrectes.

Ils ne peuvent foufrir que dans la fervante juftifiée, conte de la reine de Navarre, l'imitateur s'exprime ainfi :

Bocace n'eft le feul qui me fournit.

Je vais par fois en une autre boutique.

Il eft bien vrai que ce divin efprit

Plus que pas un *me donne* de pratique.

Mais comme il faut manger de plus d'un pain,

Je puife encor en un vieux magafin.

Ils trouvent ces expreffions, *aller dans une autre boutique*, *donner de pratique*, *manger de plus d'un pain*, plus faites pour le peuple que pour les honnêtes gens ; & c'eft là le grand défaut de *La Fontaine*.

L'anneau d'*Hans-Carvel* qu'il a copié dans *Rabelais* eft bien fupérieur dans l'*Ariofte*. Il y a du moins une bonne raifon dans l'*Ariofte*, pourquoi le diable aparait au bon homme.

Fu gia un pittor, non mi ricordo il nome,

Che di pinger il diavol folea.

Con bel vifo, begli occhi, e belle piume &c.

La prodigieufe fupériorité de l'*Ariofte* fur fon imitateur parait dans ce petit conte autant que dans l'invention de fon *Orlando,*

K 4

dans fon imagination inépuifable, dans fon fublime & dans fa naïve élégance.

Les cordeliers de Catalogne, *Richard Minutolo*, la gageure des trois comères, n'ont jamais plu aux efprits délicats. Vous ne trouverez chez *La Fontaine* aucun conte qui parle au cœur, excepté le fauçon ; aucun dont on puiffe tirer une morale utile ; aucun où il y ait de fa part la moindre invention. Ce ne font prefque jamais que de vieux contes réchaufés. Ce font des femmes qui *atrapent* leurs maris, ou des garçons qui *enjolent* des filles. Enfin, on trouve rarement chez lui un conte écrit avec une élégance continue.

Ses contes ont charmé la jeuneffe encor plus par la gaieté des fujets que par les graces & la correction du ftile. J'ai vu beaucoup de gens d'efprit & de goût qui ne pouvaient foufrir que *La Fontaine* eût gâté la coupe enchantée de l'*Ariofte* par des vers tels que ceux-ci ;

L'argent fut donc fléchir ce cœur inexorable,

Le rocher difparut, un mouton fuccéda,

Un mouton qui s'accommoda

A tout ce qu'on voulut, mouton doux & traitable,

Mouton qui fur le point de ne rien refufer

Donna pour arrhes un baifer.

Il faudrait en éfet avoir peu de goût pour aprouver un rocher qui devient mouton, qui s'accommode & qui donne des arrhes. Les contes & les deux derniers livres des fables

font trop pleins de ces figures fi incohérentes & fi fauffes, qui femblent plutôt le fruit
d'une recherche pénible que de cette négligence agréable qu'on a tant louée dans l'auteur.

J'ai vu auffi bien des lecteurs révoltés du
ftile qu'on apelle marotique. Ils difaient qu'il
falait parler la langue de *Louis XIV*, & non
celle de *Louis XII* & de *François premier*; que
fi on nous donnait la comédie de l'avocat
Patelin, telle qu'on la joua fur les tréteaux
de la cour de *Charles VII*, perfonne ne pourait la foufrir. Heureufement *La Fontaine* eft
peu tombé dans ce défaut que d'autres, après
lui, ont voulu mettre à la mode.

Mais ce qui eft à mon avis très-digne de
remarque, c'eft que de toutes ces anciennes
hiftoriettes que *La Fontaine* a mifes en vers
négligés, il n'y en a pas une feule qui inf-
pire des défirs impudiques. Les peintures y
font plus gaies que dangereufes. Elles ne font
jamais cette impreffion voluptueufe & funefte
que produifent tant de livres italiens, & furtout notre *Aloïfia Toletana*. Cela eft fi vrai
que l'on a mis tous ces vieux contes fur le
théâtre avec l'aprobation des magiftrats,
fans aucun danger, fans qu'aucune mère de
famille ait réclamé contre cet ufage, fans
aucun inconvénient. On vit bien que le févère
Boileau avait raifon quand il difait:

L'amour le moins honnête exprimé chaftement

N'excite point en nous de honteux mouvement.

K 5

C'eſt pourquoi, monſieur, j'ai toujours été étonné de l'atrocité fanatique avec laquelle le jeune *Poujet*, oratorien, oſa parler au vieux *La Fontaine*, & de la vanité d'écolier avec laquelle il publia ſon prétendu triomphe ſur l'innocence de ce vieil enfant. Il était bien ridicule qu'un petit prêtre de vingt-cinq ans allât mettre ſur la ſellette un académicien de ſoixante & douze ans. Mais pourquoi faire trophée aux yeux du public de cette victoire ſi aiſée ? C'était l'orgueil qui ſe vantait d'avoir foulé à ſes pieds l'innocence & la ſimplicité. Et de quoi s'eſt aviſé l'abbé d'*Olivet*, tout philoſophe qu'il était, de réimprimer cette lettre de *Poujet ?* cette lettre eſt préciſément la révélation ſolemnelle de la confeſſion du bon *La Fontaine*. Car n'eſt-ce pas trahir le ſecret inviolable de la confeſſion que d'en apren- dre au public toutes les circonſtances, tous les entours, & les demandes, & les réponſes ?

Ce qui me révolte de plus dans l'inſolence de *Poujet*, c'eſt l'afectation de répéter vingt fois à *La Fontaine*, votre livre infame, monſieur; le ſcandale de votre infame livre, monſieur; les péchés, monſieur, dont votre infame livre a été la cauſe; la réparation publique que vous devez, monſieur, pour vôtre livre infame.

Aurait-il oſé parler ainſi à la reine de Na- varre, ſœur de *François I*, de qui pluſieurs de ces contes plaiſans & non infames ſont tirés ? il lui aurait demandé un bénéfice. Au- rait-il même oſé donner le nom d'infame à *Bocace*, le créateur de la langue italienne ; &

à l'*Arioste*, qui n'a d'autre titre dans sa patrie que celui de divin?

L'avanture de *Poujet* avec le bon homme *La Fontaine* est au fond celle de l'âne dans la fable admirable des animaux malades de la peste.

> L'âne vint à son tour, & dit, j'ai souvenance,
>
>   Qu'en un pré de moine passant
>
> La faim, l'occasion, l'herbe tendre, & je pense,
>
>   Quelque diable aussi me poussant,
>
> Je tondis de ce pré la largeur de ma langue.
>
> Je n'en avais nul droit, puisqu'il faut parler net.
>
> A ces mots on cria, haro sur le baudet.
>
> Poujet quelque peu clerc prouva par sa harangue
>
> Qu'il falait dévouer ce maudit animal, &c.

Et ce qu'il y a de plus rare, c'est que *La Fontaine*, qui avait la bonhommie de l'âne, fut assez sot avec tout son génie pour croire le sufisant *Poujet* qui se fesait tant honneur de l'intimider, & qui parlait au traducteur de l'*Arioste* & de la reine de Navarre, comme s'il eût parlé à un scélérat.

J'aurais conseillé à *La Fontaine* de faire un conte sur *Poujet*, plus plaisant que son Florentin sur *Lulli*.

Après l'impertinence de *Poujet*, je ne sais rien de plus outrecuidant, (pour me servir des termes du bon *La Fontaine*) que l'insolente préface de l'édition des contes en 1743, fous le nom de Londres. L'éditeur qui fe donne auffi pour janfénifte (je ne fais pas pourquoi) s'avife de dire que *La Fontaine* eut tort de faire autre chofe que des fables & des contes en vers ; & il cite fur cela madame de *Sevigné*.

Oui , éditeur ; il eut tort de faire d'autres ouvrages , puifque la plûpart ne valent rien. Mais pourquoi, dis-tu , éditeur , qu'un poëte qui a fait des tragédies ne doit jamais écrire fur l'hiftoire & fur la phyfique ? Dis-moi, éditeur , où as-tu pris cet arrêt ? Si tu ne fais ni l'hiftoire , ni la phyfique , n'en parle pas , à la bonne heure ; nous avons affez de mauvais livres fur ces deux objets. Mais permets aux hommes inftruits d'en parler. Aprends qu'un bon tragédier eft très-propre à être un très-bon hiftorien , parce qu'il faut dans toute hiftoire une expofition , un nœud, un dénouement , & de l'intérêt. Aprends que celui qui peint la nature humaine dans une pièce de théatre la peint encor mieux dans l'hiftoire. Editeur des contes de *La Fontaine*, aprends que la phyfique n'eft pas à négliger. Aprends que *Molière* traduifit *Lucrèce*. Aprends qu'il ferait indigne d'un homme qui penfe de ne faire que des contes.

Pardon , monfieur , de cette petite fortie contre ce maudit éditeur ; & pardon furtout de vous avoir envoyé mes filles de Minée.

TABLE
DES MATIERES.

Fin de la Table des Matieres.

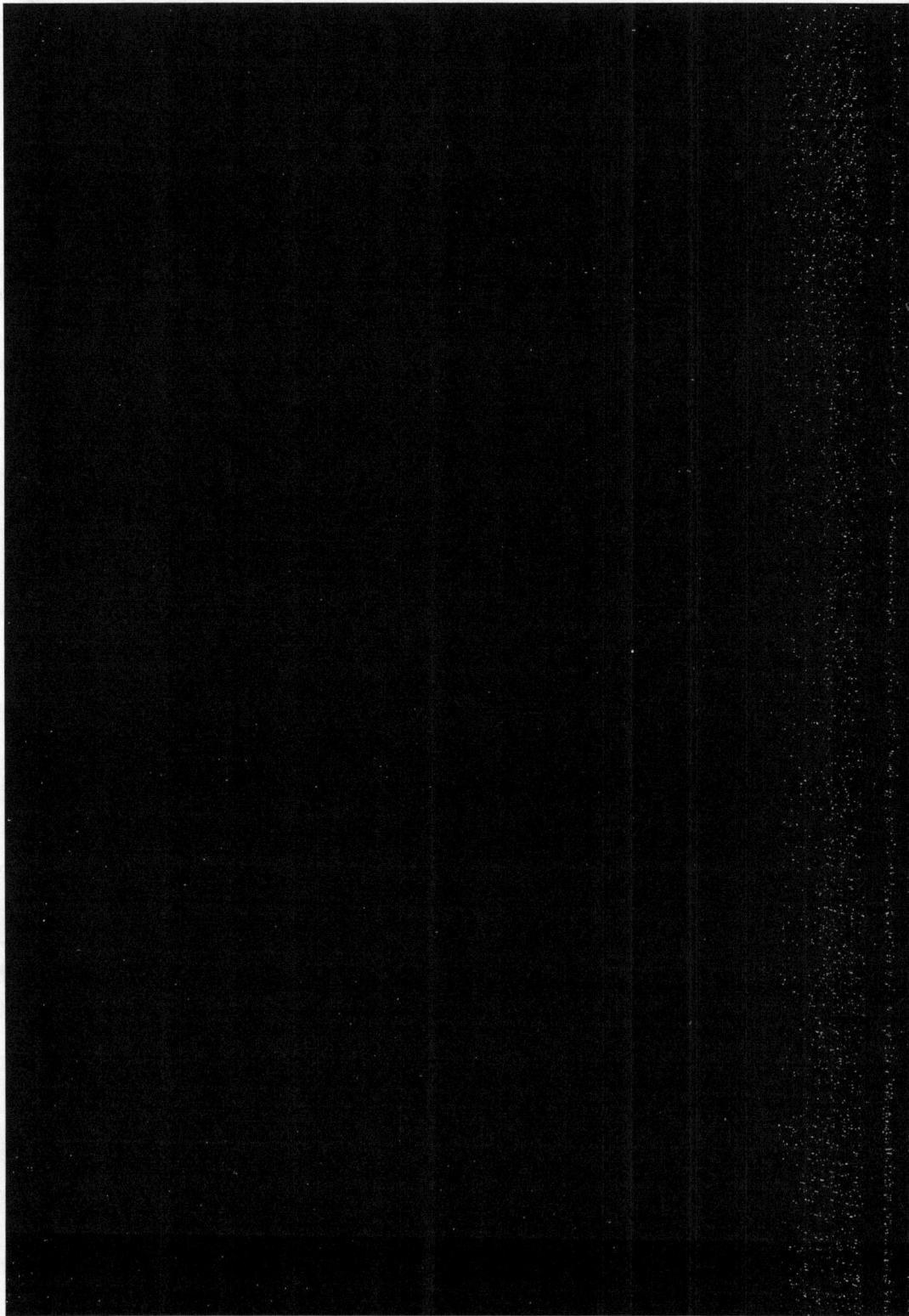

VOLTAIRE — HISTOIRE DE JENNI

www.ingramcontent.com/pod-product-compliance
Lightning Source LLC
Chambersburg PA
CBHW072043090426
42733CB00032B/2150